용선생 15분
한국사 독해

1

우리 역사의 시작 ~ 삼국 시대

사회평론

용선생 15분 한국사 독해
구성과 활용

안녕, 친구들! '용쓴다, 용씨!' 용선생이야!
앞으로 나와 함께 매일 하루 15분, 우리 역사의 주요 인물들을 만나 보자.
이야기를 읽다 보면 주인공이 어떤 시대에 살았고, 무슨 생각을 했는지도
잘 이해할 수 있을 거야. 매일 꾸준히만 읽으면 너도 어느새
한국사 척척 박사가 될걸! 역사반 친구들도 함께할 테니 기대해도 좋아.
그럼 역사 인물을 만나러 떠나 볼까?

1 하루 15분, 역사 인물 이야기 읽기!

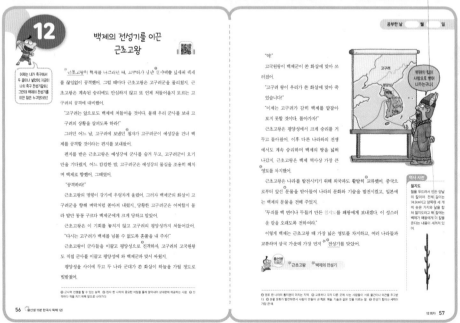

안녕! 나는 장하다야!
인물들의 이야기를 읽다 보면
그 시대 속으로 풍덩
빠져 버릴 거야!

한국사 옛 인물들의 재미있는 이야기를 읽어 보자. 주인공의 대사와 그림을 보다 보면 그 시대에 들어와 있는 것처럼 생생하게
느껴질 거야. **용선생 키워드**는 시험에 나오는 **핵심 키워드**이니 잊지 말고 다시 한번 살펴보자! 파란색 단어는 역사 사전 을 참고해.
초등학교 사회 교과서에 나오는 역사 개념은 물론 이야기에 나오는 지역이 지도에서 어디쯤인지 확인할 수 있지! 또 숫자로 표시된
낱말은 지문 아래에 뜻풀이를 해두었으니 잘 이해했는지 확인해 보자!

2 문제로 내용 확인하고 어휘력 확장하기!

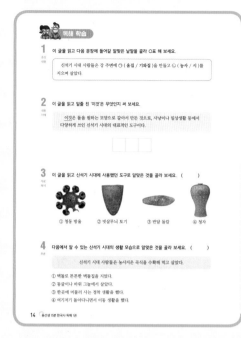

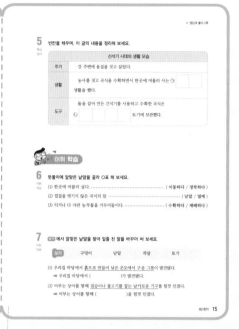

난 나선애야! 다양한 문제를 풀다 보면 생각하는 힘이 쑥쑥 자랄 거야!

나는 왕수재! 마지막 어휘 문제도 빠짐없이 풀어 보길 바라. 한국사 공부가 더욱 쉬워질 거야.

문제를 풀면서 내용을 확인해 보자. 중심 내용 찾기, 내용 이해, 추론 등 **다양한 유형의 문제**를 풀다 보면 용선생이 뽑은 **키워드**가 **머릿속 깊이** 새겨질 거야. 문제가 안 풀린다고? 걱정 마! 다시 앞으로 가서 이야기를 확인하면 돼. 독해 학습 문제를 풀며 읽은 내용을 정리하고, 용선생 키워드도 다시 한번 확인해 보자. 어휘 학습 문제도 풀어 봐. 오늘 읽은 지문 속 필수 어휘가 머릿속에 쏙쏙 들어올 거야.

3 키워드로 복습하기!

나는 곽두기야. 역사 놀이터에서 신나게 놀아 볼래?

나는 허영심이야. 지금 QR 코드를 검색해 인물 이야기를 들어 봐!

인물의 이야기를 음원으로 듣기!

실감 나는 오디오 음원을 통해 읽은 내용을 되새겨 봐. 이야기가 오랫동안 기억에 남을 거야.

앞서 배운 1주 5회차의 키워드들을 재미난 퀴즈를 풀며 떠올려 보자. **역사 놀이터**에서 가로세로 키워드 찾기, 키워드 찾기 대작전, 키워드로 비밀 숫자 찾기 등을 하며 읽은 내용을 **재미있게 복습**할 수 있어. 공부한 내용이 새록새록 떠오를 거야.

☀ 용선생 15분 한국사 독해 **차례**

나는 청동기 시대의 군장, 용 군장이다!
나와 함께 시간 여행할 준비는 되었나?
우리나라 역사 속으로, 고고고~!

1주

○ 70만년 전
구석기
시대 시작

○ 기원전*
8000년경
신석기
시대 시작

○ 기원전 2333년
단군왕검,
고조선 건국

○ 기원전 2000년
청동기 시대 시작

○ 기원전 37년
주몽,
고구려 건국

*기원전: 예수가 태어난 해를 기준으로 그 이전을 이르는 말.

회차	학습 내용	핵심 키워드	교과 연계	학습 계획일
01	**구석기 시대**, 라라네 가족의 저녁	✧ 구석기 시대 ✧ 뗀석기	【사회 3-2】 2. 시대마다 다른 삶의 모습 ① 옛날과 오늘날의 생활 모습	월 일
02	**신석기 시대**, 노리의 바쁜 하루	✧ 신석기 시대 ✧ 농사 ✧ 간석기	【사회 3-2】 2. 시대마다 다른 삶의 모습 ① 옛날과 오늘날의 생활 모습	월 일
03	**청동기 시대**, 고인돌에 묻힌 해미르 군장!	✧ 청동기 시대 ✧ 군장 ✧ 고인돌	【사회 3-2】 2. 시대마다 다른 삶의 모습 ① 옛날과 오늘날의 생활 모습	월 일
04	**단군왕검**, 우리나라의 역사를 열다	✧ 단군왕검 ✧ 고조선	【사회 5-2】 1. 옛사람들의 삶과 문화 ① 나라의 등장과 발전	월 일
05	알에서 나온 **주몽**, 고구려를 세우다	✧ 주몽 ✧ 고구려	【사회 5-2】 1. 옛사람들의 삶과 문화 ① 나라의 등장과 발전	월 일
역사 놀이터		**가로세로 키워드 찾기!**		

01

구석기 시대, 라라네 가족의 저녁

쿵쿵~! 어디서 고기 굽는 냄새가 나는걸? 라라네 가족은 어떻게 멧돼지를 사냥했을까?

"엄마! 아빠! 오늘 저녁은 뭐예요?"

"글쎄……. 어제 네가 캐 온 조개가 조금 남았는데 부족할 것 같구나. 어두워지기 전에 사냥하러 나가 볼까?"

"좋아요!"

라라가 살던 ✱구석기 시대❶에는 조개와 식물 뿌리를 캐 먹거나 나무의 열매를 따서 먹었어. 돌을 쪼개고 떼어 내어 만든 도구를 ✱뗀석기라고 하는데, 돌을 깨뜨려 끝을 날카롭게 한 뗀석기는 사냥할 때 아주 좋은 도구였어.

라라는 오늘 아침 엄마와 함께 열심히 만든 주먹 도끼를 챙겼어. 엄마와 아빠도 예리한❷ 뗀석기를 챙겨 나갔지. 집에 혼자 남겨진 동생 로로는 무서운 동물이 나타날까 겁이 나 허겁지겁❸ 불을 피웠어.

잠시 후, 사냥을 간 식구들이 멧돼지를 메고 들뜬❹ 모습으로 돌아왔어.

"로로야, 우리가 멧돼지를 잡았어! 우리가 파 놓은 함정❺에 멧돼지가 빠져 있었어."

라라와 로로는 고기를 먹을 생각에 신이 났어. 그동안 사냥에 계속 실패해 나무 열매와 조개만 먹었거든.

아빠는 로로가 피워 놓은 불에 멧돼지 고기를 굽고, 엄마는 날카로운 뗀석기로 멧돼지 가죽을 벗겨 내어 이불을 만들었어. 즐거운 저녁 식사가 끝나고 아빠가 걱정스럽게 말했지.

역사 사전

구석기 시대
돌로 칼이나 도끼 같은 도구를 만들어 쓰던 석기 시대는 돌을 어떻게 만들어 쓰느냐에 따라 구석기 시대와 신석기 시대로 나뉘어.

주먹 도끼
한 손에 쥐고 사용하는 돌도끼야. 돌을 떼어 내어 끝을 뾰족하게 만들었어. 물건을 자르거나 땅을 팔 때, 동물의 가죽을 벗길 때 등 다양한 용도로 사용했어.

---

❶ **시대** 어떤 기준에 의해 구분된 일정한 기간. ❷ **예리하다** 끝이 뾰족하거나 날이 선 상태에 있다. ❸ **허겁지겁** 조급한 마음으로 정신없이 서두르는 모양. ❹ **들뜨다** 마음이 가라앉지 않고 조금 흥분되다. ❺ **함정** 짐승을 잡기 위해 파 놓은 구덩이.

주먹 도끼

"이 주변에는 더 이상 먹을 수 있는 것들이 없단다. 오늘 잡은 멧돼지 고

기를 다 먹으면 슬슬 다른 곳으로 **이동**해야 할 것 같구나."

"이번 동굴은 큼직해서 좋았는데 벌써 떠나야 한다니 아쉬워요."

"엄마, 우리가 넓고 안전한 곳을 또 찾을 수 있을까요?"

"그럼! 아주 멋진 곳으로 갈 수 있을 거야."

라라와 로로는 엄마가 만들어 주신 멧돼지 가죽 이불을 덮고 누웠어.

그리고 멋진 곳을 떠올려 보며 **도란도란** 이야기를 나누었지.

"맛있는 열매가 많은 곳이었으면 좋겠어."

"나는 물고기! 물고기를 많이 잡을 수 있는 곳으로 가면 좋겠다!"

 ✭구석기 시대　　✭뗀석기

역사 사전

동굴

자연적으로 생긴 깊고 넓은 큰 굴이야. 구석기 시대 사람들은 동굴이나 바위 그늘과 같이 비바람을 막기 좋은 곳을 찾아다니며 살았어.

---

❻ **이동하다** 움직여 자리를 바꾸다.　❼ **도란도란** 여럿이 정답게 이야기하는 소리. 또는 그 모양.

1 이 글의 중심 내용으로 알맞은 것은 무엇인가요? (   )

중심
내용

① 라라네 가족의 취미 생활
② 라라네 가족의 힘든 이동 생활
③ 라라네 가족의 저녁 메뉴 회의
④ 라라네 가족의 구석기 시대 생활

2 이 글을 읽고 라라네 가족이 한 일을 <u>모두</u> 골라 보세요. (,   )

내용
이해

① 농사지은 쌀로 밥을 지어 먹었다.
② 사냥을 하기 위해 뗀석기들을 챙겼다.
③ 멧돼지 가죽을 벗겨 내어 이불을 만들었다.
④ 조개나 나무 열매는 배가 고파도 먹지 않았다.

3 이 글을 읽고 선애가 <u>잘못</u> 푼 문제를 골라 보세요. (   )

내용
적용

한국사 시험   ○학년 ○반 나선애

• 구석기 시대 사람들은 ____초가집____에서 살았다. ························· ①
• 구석기 시대 사람들은 ____주먹 도끼____를 사용해 사냥을 했다. ·············· ②
• 구석기 시대 사람들은 돌을 깨뜨려 만든 ____뗀석기____를 사용했다. ····· ③
• 구석기 시대 사람들은 고기를 ____불____로 익혀 먹었다. ·············· ④

4 이 글을 읽고 다음 설명과 사진이 바르게 연결되도록 선으로 이어 보세요.

자료
해석

(1) 돌을 깨뜨리거나 떼어 내어 만든 도구로, 이것으로 사냥하거나 고기도 자를 수 있다. •

• ㉠

(2) 구석기 시대 사람들이 지내던 곳 중 하나로 자연적으로 생긴 큰 굴이다. •

• ㉡

5 빈칸을 채우며, 이 글의 내용을 정리해 보세요.

핵심
정리

> 보기   구석기   이동   철기   한옥

> ㉠_____ 시대 사람들은 뗀석기를 사용해 사냥을 하고, 조개와 식물
>
> 뿌리를 캐 먹거나 물고기도 잡아먹었다. 또 먹을거리가 떨어지면 다른 동굴이나 바위
>
> 그늘로 찾아 떠나는 ㉡_____ 생활을 했다.

어휘 학습

6 낱말의 알맞은 뜻을 찾아 선으로 이어 보세요.

어휘
복습

(1) 들뜨다 •   • ① 움직여 자리를 바꾸다.

(2) 예리하다 •   • ② 끝이 뾰족하거나 날이 선 상태에 있다.

(3) 이동하다 •   • ③ 마음이 가라앉지 않고 조금 흥분되다.

7 밑줄 친 낱말의 뜻이 다음과 같은 것을 골라 보세요. (   )

어휘
적용

> 어떤 기준에 의해 구분된 일정한 기간.

① 하늘을 날던 박쥐가 동굴 속으로 들어갔다.
② 경주에 있는 첨성대는 삼국 시대에 지어졌다.
③ 네 식구가 둘러앉아 도란도란 이야기를 나누었다.
④ 사냥꾼은 사슴을 잡기 위해 함정을 파 놓고 기다렸다.

02

신석기 시대, 노리의 바쁜 하루

노리가 농사짓느라 바빠 보여. 근데 노리는 어떤 곡식을 수확했을까?

기원전 8,000년경, 얼어붙었던 날씨가 점점 따뜻해지면서 ☆신석기 시대가 시작되었어. 사람들은 더 이상 먹을 것을 찾아 옮겨 다니며 살지 않고 한곳에 ❶정착해 살았어. 그러면서 강 주변에 움집을 짓고 ☆농사지어 곡식을 ❷수확해 먹고살았지.

노리는 오늘도 할 일이 많아. 심어 놓은 조와 수수가 잘 자라는지 살펴봐야 하고, 어른들이 사냥할 때 쓸 돌도 갈아서 뾰족하게 만들어야 하거든.

노리는 가쁜 숨을 내쉬며 강가에서 주워 온 돌을 날카롭게 갈기 시작했어. 이렇게 돌을 갈아 만든 도구를 ☆간석기라고 불러.

'이 정도면 충분하겠지? 분명 훌륭한 사냥 도구가 될 거야.'

돌을 다 간 노리는 서둘러 조와 수수를 살피러 밭으로 뛰어나갔어.

'벌써 ❸낟알이 잘 여물었네! 먹을 만큼 따서 집에 가져가야지!'

노리는 땀을 뻘뻘 흘리며 곡식을 수확해 움집으로 달려왔어. 엄마와 노리는 갈돌과 갈판을 사용해 곡식을 갈기 시작했어. 갈판 위에 곡식을 올리고 갈돌로 갈아 가루를 낸 뒤 빗살무늬 ❹토기에 담았지.

"노리야, 여기 옆에 ❺구덩이 좀 파 줄래? 구덩이 속에 빗살무늬 토기를 꽂아 놔야 쓰러지지 않는단다."

엄마는 곱게 간 곡식을 다른 토기에 담고 불에 올려 곡식을 익히기 시작했어. 곡식이 익는 냄새가 노리네 움집을 가득 채웠지.

역사 사전

움집
땅을 파고 기둥을 세운 뒤, 지붕을 만들어 덮은 집이야. 신석기 시대에 정착해 살면서 짓기 시작했어.

갈돌과 갈판
곡식의 껍질을 벗기거나 가루를 내는 도구야.

갈돌   갈판

---

❶ **정착하다** 한곳에 머물러 살다. ❷ **수확하다** 익거나 다 자란 농작물을 거두어들이다. ❸ **낟알** 껍질을 벗기지 않은 곡식의 알. ❹ **토기** 흙으로 만들어 낮은 온도에서 구운 그릇. ❺ **구덩이** 땅이 움푹하게 파인 곳.

움집

빗살무늬 토기

물고기를 많이 잡아 와야 할 텐데….

농사지은 조를 갈아 먹어요~.

"우아, 맛있는 냄새! 엄마 이거 언제 먹을 수 있어요?"

"아빠가 돌아올 때 즈음이면 다 될 거야. 조금만 기다려 줘, 노리야."

잠시 후 강가에 나갔던 아빠가 돌아왔어.

"짠! 노리야, 네가 갈아 만든 뼈❻ 작살로 잡은 물고기란다. 엄청 크지?

내일은 너도 아빠랑 물고기 잡으러 가지 않을래?"

"……."

"어라, 노리가 대답이 없네……. 노리야? 노리 듣고 있니?"

아침부터 이리저리 바쁘게 뛰어다닌 노리는 피곤한 나머지 아빠의 말에

대답도 못하고 스르륵 잠들어 버렸어.

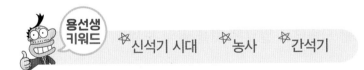

용선생 키워드　✡신석기 시대　✡농사　✡간석기

역사 사전

빗살무늬 토기
그릇 표면에 빗살 같은 줄을 그어서 만든 신석기 시대의 대표적인 토기야.

---

❻ 작살 짐승이나 물고기를 잡는 날카로운 기구.

1 이 글을 읽고 다음 문장에 들어갈 알맞은 낱말을 골라 O표 해 보세요.

중심
내용

> 신석기 시대 사람들은 강 주변에 ㉠ (기와집 / 움집)을 만들고 ㉡ (농사 / 시)를
> 지으며 살았다.

2 이 글을 읽고 밑줄 친 '이것'은 무엇인지 써 보세요.

내용
이해

> <u>이것</u>은 돌을 원하는 모양으로 갈아서 만든 것으로, 사냥이나 일상생활 등에서
> 다양하게 쓰인 신석기 시대의 대표적인 도구이다.

3 이 글을 읽고 신석기 시대에 사용했던 도구로 알맞은 것을 골라 보세요. (   )

자료
해석

① 청동 방울   ② 빗살무늬 토기   ③ 반달 돌칼   ④ 청자

4 다음에서 알 수 있는 신석기 시대의 생활 모습으로 알맞은 것을 골라 보세요. (   )

추론

> 신석기 시대 사람들은 농사지은 곡식을 수확해 먹고 살았다.

① 벽돌로 튼튼한 벽돌집을 지었다.

② 동굴이나 바위 그늘에서 살았다.

③ 한곳에 머물러 사는 정착 생활을 했다.

④ 여기저기 돌아다니면서 이동 생활을 했다.

5 빈칸을 채우며, 이 글의 내용을 정리해 보세요.

핵심
정리

신석기 시대의 생활 모습	
주거	강 주변에 움집을 짓고 살았다.
생활	농사를 짓고 곡식을 수확하면서 한곳에 머물러 사는 ㉠ [　][　] 생활을 했다.
도구	돌을 갈아 만든 간석기를 사용하고 수확한 곡식은 ㉡ [　][　][　][　] 토기에 보관했다.

어휘 학습

6 뜻풀이에 알맞은 낱말을 골라 ○표 해 보세요.

어휘
복습

(1) 한곳에 머물러 살다. ·· (이동하다 / 정착하다)

(2) 껍질을 벗기지 않은 곡식의 알. ·· (낟알 / 열매)

(3) 익거나 다 자란 농작물을 거두어들이다. ························· (수확하다 / 재배하다)

7 보기 에서 알맞은 낱말을 찾아 밑줄 친 말을 바꾸어 써 보세요.

어휘
적용

| 보기 | 구덩이 | 낟알 | 작살 | 토기 |

(1) 우리집 마당에서 흙으로 만들어 낮은 온도에서 구운 그릇이 발견됐다.

➡ 우리집 마당에서 (　　　　　)가 발견됐다.

(2) 어부는 상어를 향해 짐승이나 물고기를 잡는 날카로운 기구를 힘껏 던졌다.

➡ 어부는 상어를 향해 (　　　　　)을 힘껏 던졌다.

03

청동기 시대, 고인돌에 묻힌 해미르 군장!

저것 봐, 해미르 군장이 걸친 청동 방울과 청동 거울이 정말 멋져! 나도 가지고 싶은걸?

"아랫마을 사람들이 쳐들어왔습니다!"

"당황하지 마라! 내가 앞장서겠다!"

큰바위 마을의 *군장 해미르는 청동 검을 휘두르며 적들을 물리쳤어.

해미르의 활약으로 큰바위 마을은 전쟁에서 이겼지.

"❷포로로 잡은 사람들은 어떻게 할까요?"

"벼농사에 사람이 부족하지 않은가? ❸노예로 삼아 일을 시키게."

사람들은 마을을 잘 이끄는 해미르를 ❹존경했어.

"하늘 신이여, 많은 비를 내려 주소서!"

"군장님을 봐. 번쩍번쩍 빛나는 모습이 정말 멋지지 않니?"

하늘에 제사를 지내는 해미르를 보고 마을 사람들이 수군거렸어. 군장인 해미르는 마을의 ❺지도자이면서 ❻제사장이기도 했지. 해미르는 번쩍거리는 청동 거울을 몸에 걸치고, 청동 방울을 흔들어 소리를 냈어.

"나도 청동으로 된 물건이 있으면 좋겠네."

"예끼! 청동이 얼마나 귀한 건데 우리 같은 사람이 넘볼 수 있겠나? 청동은 구하기도 어렵고 물건으로 만들기도 쉽지 않다네."

이렇게 청동으로 도구를 만들어 사용하던 시대를 *청동기 시대라고 해. 하지만 청동은 무척 귀해서 모든 물건을 청동으로 만들진 못했어. 농사 도구 같은 생활용품은 여전히 돌이나 나무로 만들었지.

"영치기영차!"

"아이고, 힘들다. 이천 명이 모여 끄는 데도 겨우 움직이네."

역사 사전

군장

마을을 이끄는 사람이야. 청동은 당시에는 매우 귀했는데, 군장은 청동으로 만든 거울과 방울 등으로 몸을 치장하고 마을의 제사를 지내는 제사장이기도 했어.

하늘이시여! 이번 전쟁에서 승리할 수 있게 해 주소서.

---

❶ **청동** 구리와 주석을 섞어서 만든 금속. 처음에는 금색을 띠지만 녹슬면 푸르게 변한다. ❷ **포로** 전쟁에서 사로잡은 적군. ❸ **노예** 자유를 빼앗겨 주인이 강제로 일을 시키던 사람. ❹ **존경하다** 어떤 사람의 됨됨이나 생각 등을 우러르고 받들어 모시다. ❺ **지도자** 남을 가르쳐 이끄는 사람. ❻ **제사장** 신에게 올리는 의식을 맡아서 이끄는 사람.

"자, 모두들 힘냅시다!"

마을 사람들은 해미르의 ❼지휘에 따라 거대한 ☆고인돌도 만들었어. 고인돌은 군장 같은 ❽지배층이 죽으면 묻는 무덤이야. 사람들은 바닥에 통나무 여러 개를 깔고 그 위에 줄로 묶은 거대한 돌을 얹었어. 그리고 줄을 당겨 돌을 끌었지. 큰바위 마을 사람들은 고인돌의 크기가 군장인 해미르와 큰바위 마을의 힘을 보여 준다고 생각했어. 그래서 커다란 고인돌을 세우려 한 거야.

시간이 흘러 해미르도 나이가 들어 죽고 말았어.

"고인돌에 군장님을 잘 묻어 드립시다."

마을 사람들은 해미르가 살아 있을 때 쓰던 청동 검과 청동 방울도 함께 고인돌에 묻었어. 사람들은 고인돌을 보며 해미르를 떠올리곤 했지.

☆청동기 시대   ☆군장   ☆고인돌

역사 사전

고인돌

큰 돌을 세우고 그 위에 넓적한 돌을 덮어 만든 무덤이야. 우리나라에서는 인천 강화군, 전북 고창군, 전남 화순군에서 주로 발견되었어.

---

❼ **지휘** 목적을 효과적으로 이루기 위해 단체의 행동을 이끎. ❽ **지배층** 남을 다스리는 계급에 속한 계층.

1 이 글의 청동기 시대에 대한 설명으로 알맞은 것을 <u>모두</u> 선으로 이어 보세요.

중심
내용

ㄱ 황금으로 만든
도구를 사용함.

청동기
시대

ㄴ 군장을
고인돌에 묻음.

ㄷ 청동으로 만든
도구를 사용함.

ㄹ 군장을
맨땅에 묻음.

2 이 글의 군장이 사용한 물건을 <u>모두</u> 골라 보세요. (,   )

자료
해석

① 갈돌과 갈판   ② 주먹 도끼   ③ 청동 거울   ④ 청동 검

3 이 글을 연극으로 만들었어요. 각 인물의 대사로 알맞은 것을 골라 보세요. (   )

내용
적용

① 노예: 나는 죽으면 고인돌에 묻히지 못할 거야.

② 마을 사람: 청동기 시대에는 모두가 평등하게 살았지.

③ 마을 사람: 청동이 돌보다 좋으니까 돌로 만든 도구는 쓰지 않았어.

④ 군장: 나는 제사를 담당하는 제사장이야. 마을의 지도자는 따로 있어.

4 이 글의 내용과 일치하면 O표, 일치하지 않으면 X표 해 보세요.

내용
이해

(1) 고인돌은 군장 같은 지배층을 묻는 무덤이다. (   )

(2) 고인돌에는 물건을 함께 묻지 않았다. (   )

(3) 청동기 시대 사람들은 고인돌의 크기가 군장의 힘을 보여 준다고 생각했다. (   )

▶ 정답과 풀이 3쪽

5 빈칸을 채우며, 이 글의 내용을 정리해 보세요.

핵심
정리

청동기 시대의 군장은 마을의 지도자이자 제사장으로서 청동 검, 청동 거울,

청동 방울 등 ㉠ [ ][ ] 으로 만든 물건을 사용했다. 죽어서는 지배층의

무덤인 ㉡ [ ][ ][ ] 에 묻혔다.

어휘 학습

6 낱말의 알맞은 뜻을 찾아 선으로 이어 보세요.

어휘
복습

(1) 노예 • • ① 구리와 주석을 섞어서 만든 금속.

(2) 청동 • • ② 신에게 올리는 의식을 맡아서 이끄는 사람.

(3) 제사장 • • ③ 자유를 뺏겨 주인이 강제로 일을 시키던 사람.

7 밑줄 친 낱말이 잘못 쓰인 문장을 골라 보세요. (　　　)

어휘
적용

① 옛날에는 일부 지배층이 많은 사람들을 다스렸다.

② 반 아이들은 약속을 매번 어기는 친구를 존경했다.

③ 도자기를 만드는 장인이 적군에게 포로로 붙잡혔다.

④ 대통령 선거일은 나라를 이끌 지도자를 뽑는 날이다.

단군왕검, 우리나라의 역사를 열다

> 단군왕검에게는 출생의 비밀이 있어! 나는 그 비밀을 알고 있지~.

아주 먼 옛날, 하늘 신의 아들 환웅은 하늘에서 사람들이 사는 세상을[1] 내려다보았어.

'내가 저 땅으로 내려가 널리 인간 세상을 이롭게[2] 해야겠구나.'

환웅은 아버지의 허락을 받아 바람, 비, 구름을 다스리는 신하와 3,000여 명의 무리를 이끌고 태백산 정상의 신단수 아래로 내려와 사람들을 다스렸지.

그러던 어느 날, 환웅 앞에 곰 한 마리와 호랑이 한 마리가 나타나 말했어.

"환웅 님, 제발 저희를 사람으로 만들어 주십시오."

"흠……. 어떤 일이든 견뎌 낼 자신이 있느냐?"

"사람만 될 수 있다면 뭐든지 할 수 있습니다."

환웅은 곰과 호랑이의 간절한 이야기에 한참을 생각하더니 말했어.

"자, 이것은 쑥과 마늘이다! 너희가 이것을 먹고 100일 동안 햇빛을 보지 않는다면 사람이 될 것이다."

인간이 될 수 있다는 환웅의 말에 곰과 호랑이는 환호성을[3] 질렀지.

"염려[4] 마십시오. 지금 당장 어두운 동굴 속에서 쑥과 마늘을 먹고 고통을 견디겠습니다!"

곰과 호랑이는 환웅과의 약속대로 동굴로 들어가 쑥과 마늘을 먹고 햇빛을 피했지. 하지만 얼마 지나지 않아 호랑이는 투덜거리기[5] 시작했어.

"쑥, 마늘, 어둠 모두 지겨워! 더는 안 해!"

---

❶ 세상 사람이 살고 있는 사회를 이르는 말. **❷ 이롭다** 이익이 있거나 도움이 되다. **❸ 환호성** 기뻐서 크게 지르는 소리. **❹ 염려** 일어날 일에 대해 걱정함. **❺ 투덜거리다** 알아듣기 어려울 정도의 낮은 목소리로 자꾸 불평을 하다.

호랑이는 곰이 말릴 틈도 없이 재빠르게 동굴 밖으로 뛰쳐나갔지. 곰은 뛰쳐나간 호랑이의 뒷모습을 바라보면서 생각했어.

'힘들지만 이 고통을 견뎌 내면 사람이 될 수 있어! 조금 더 참아 보자!'

곰이 동굴에 들어온 지도 어느덧 21일이 되던 날, 잠에서 깬 곰은 자신의 손을 보고 깜짝 놀랐어! 온몸을 감싸고 있던 거친 털은 사라지고 매끄러운 여자의 손으로 변했기 때문이야.

"내가 여자가 되었어!"

사람들은 고통을 견뎌 내고 여자가 된 곰을 웅녀라고 불렀어. 그런데 사람이 된 웅녀는 또 다른 소원이 생겼지.

"환웅 님, 저도 결혼해 아이를 갖고 싶습니다!"

간절한 웅녀의 기도를 들은 환웅은 웅녀와 혼인해⁶ 아이를 낳았는데, 그 아이가 바로 ✡단군왕검이야. 단군왕검은 우리 역사⁷상 최초의 나라인⁸ ✡고조선을 세워 1,500년 동안 잘 다스렸지.

✡단군왕검   ✡고조선

---

❻ **혼인하다** 남자와 여자가 부부가 되다. ❼ **역사** 과거에 일어났던 사실과 그것에 대한 기록. ❽ **나라** 일정한 영토와 그 안에 사는 사람들로 이루어진 단체.

1

중심
내용

이 글을 읽고 빈칸에 들어갈 알맞은 낱말을 골라 보세요. (　　　　)

> 환웅은 곰과 호랑이에게 100일 동안 햇빛을 보지 않고 어두운 동굴 속에서 _____만 먹고 버티면 사람이 될 수 있다고 했다. 호랑이는 환웅과 약속을 지키지 못했지만, 곰은 참고 버티어 사람이 되었다.

① 쌀과 당근　　　　② 쑥과 마늘　　　　③ 고추와 마늘　　　　④ 감자와 고구마

2

인물
이해

이 글의 환웅에 대한 설명으로 알맞은 것은 무엇인가요? (　　　　)

① 쑥과 마늘을 먹고 사람이 되었다.

② 아버지의 반대를 무릅쓰고 인간 세상에 내려왔다.

③ 하늘 신의 아들로 고구려를 세워 2,000년간 다스렸다.

④ 바람, 비, 구름을 다스리는 신하들을 데리고 인간 세상에 내려왔다.

3

내용
이해

이 글을 읽고 친구들이 잘못 말한 낱말을 찾아 바르게 고쳐 보세요.

(1) 　곰과 사자는 사람이 되고 싶어서 환웅을 찾아갔어.

　　　　잘못된 낱말: _____　➡　고친 낱말: _____

(2) 　환웅은 우리 역사상 최초의 나라인 고조선을 세웠어.

　　　　잘못된 낱말: _____　➡　고친 낱말: _____

4

인물
이해

단군왕검의 가족 관계도예요. 이 글을 읽고 빈칸에 알맞은 인물의 이름을 써 보세요.

아버지: 환웅　　　　아들: 단군왕검　　　　어머니: (　　　　)

5 빈칸을 채우며, 이 글의 내용을 정리해 보세요.

핵심
정리

하늘 신의 아들 환웅과 곰에서 사람이 된 웅녀 사이에서 태어난

㉠ ☐☐☐☐ 은 우리 역사상 최초의 나라인

㉡ ☐☐☐ 을 세워 1,500년 동안 잘 다스렸다.

어휘 학습

6 낱말의 알맞은 뜻을 찾아 선으로 이어 보세요.

어휘
복습

(1) 역사 •   • ① 일어날 일에 대해 걱정함.

(2) 세상 •   • ② 사람이 살고 있는 사회를 이르는 말.

(3) 염려 •   • ③ 과거에 일어났던 사실과 그것에 대한 기록.

7 밑줄 친 낱말의 뜻이 다음과 같은 것을 골라 보세요. (   )

어휘
적용

일정한 영토와 그 안에 사는 사람들로 이루어진 단체.

① 경기가 끝나자 관중들은 환호성을 질렀다.
② 운동장에서 여러 나라의 국가가 울려 퍼졌다.
③ 석기 시대는 돌로 만든 도구를 사용하던 때이다.
④ 누나는 부모님의 염려를 뒤로하고 유학을 떠났다.

알에서 나온 주몽, 고구려를 세우다

형들에게 쫓겨난 주몽이 너무 불쌍해. 그런데 주몽은 어떻게 큰 강을 무사히 건널 수 있었을까?

부여의 왕은 사냥을 나왔다가 숲속에서 울먹이고 있는 여자를 보았어.

"너는 누구이기에 숲속에 혼자 있는 것이냐?"

"저는 물의 신 하백의 딸 유화라고 합니다. 저는 아버지 몰래 하늘 신의 아들 해모수와 사랑을 나눈 죄로 쫓겨나 이곳까지 오게 되었습니다."

유화의 안타까운 사연을 들은 왕은 유화를 궁궐로❶ 데려와 살게 했지. 얼마 뒤, 햇빛이 유화의 배를 따라다니며 비추더니 유화가 임신했어. 그리고 얼마 지나지 않아 유화가 아기를 낳았는데, 사람이 아닌 커다란 알이었지!

"사람이 알을 낳다니, 참으로 끔찍한 일이로다! 알을 없애라!"

신하들은 왕의 명령에 따라 알을 없애려고 했지만, 계속 실패하고 말았어. 결국 왕은 유화에게 알을 돌려주었지.

"응애, 응애~"

며칠 뒤, 사내아이가 유화가 낳은 알을 깨고 나왔는데 이 아이가 바로 ☆주몽이야. 주몽은 어려서부터 활 쏘는 실력이 뛰어나 쏘는 족족 백발백중❷이었어. 부여의 왕자들은 이를 질투해 주몽을 없애기로 마음먹었지.

왕자들의 속셈을 알아차린 어머니 유화는 황급히❸ 주몽을 불러 말했어.

"왕자들이 너를 질투해 죽이려고 하는구나. 얼른 부여를 떠나거라."

"아……, 어머니! 부디 건강하게 계십시오."

주몽은 터져 나오는 눈물을 참으며 부여를 떠났어. 하지만 얼마 지나지 않아 큰 강에 이르러 더는 도망칠 수 없게 되었지.

---

❶ **궁궐** 임금이 머무르는 집. ❷ **백발백중** 백 번 쏘아 백 번 맞힌다는 뜻으로, 총이나 활 따위를 쏠 때마다 겨눈 곳에 모두 맞음을 이르는 말. ❸ **황급히** 몹시 급해 마음의 여유 없이.

"주몽 님, 왕자들이 보낸 군사들[4]이 곧 이 강에 닥칠 것입니다. 어찌하면 좋겠습니까?"

그러자 주몽은 강을 바라보며 외쳤어.

"나는 하늘 신의 아들이요, 물의 신의 손자이다! 더 이상 도망칠 수 없으니 어찌하면 좋단 말인가."

그때였어. 갑자기 물고기와 자라들이 강 위로 떠오르기 시작했지.

"아아, 하늘이 나를 돕는구나. 얼른 지들을 밟고 강을 건너자!"

주몽은 물고기와 자라를 밟고 강을 건너기 시작했어. 왕자들이 보낸 군사들도 강을 건너려고 했지만, 자라와 물고기들은 물속으로 뿔뿔이 흩어져 버린 뒤였지.

간신히 추격[5]을 따돌린 주몽은 졸본에 이르렀어. 졸본은 땅이 기름지고[6] 산과 강이 험해[7] 나라를 지키기 좋은 곳이었지. 주몽은 이곳에 성을 쌓고 새 나라의 수도[8]로 삼았어. 그리고 새 나라의 이름을 ☆고구려로 정하고, '고(高)'를 자신의 성씨로 삼았어.

☆주몽   ☆고구려

역사 사전

졸본

오늘날 중국 랴오닝성 부근이야. 『삼국사기』에는 주몽이 부여에서 내려와 졸본 지역에 성을 쌓고 수도로 삼았다고 전해져.

---

[4] **군사** 옛날에 군인이나 군대를 이르던 말. [5] **추격** 뒤쫓아 가며 공격함. [6] **기름지다** 땅에 생물이 살아가는 데 필요한 성분이 많다. [7] **험하다** 발을 딛기 어려울 만큼 사납고 가파르다. [8] **수도** 한 나라의 중앙 정부가 있는 도시.

1

중심
내용

이 글의 중심 내용을 바르게 말한 사람을 찾아 ◯표 해 보세요.

㉠ 해모수를
사랑한 유화

㉡ 졸본에 고구려를
세운 주몽

㉢ 활을 잘 쏜
주몽

2

인물
이해

이 글의 주몽에 대한 설명으로 알맞지 <u>않은</u> 것은 무엇인가요? (   )

① 주몽은 커다란 박에서 나왔다.

② 주몽의 어머니는 물의 신의 딸 유화이다.

③ 주몽은 어려서부터 활 쏘는 실력이 뛰어났다.

④ 주몽은 부여의 왕자들을 피해 부여를 떠났다.

3

내용
이해

이 글을 읽고 다음의 인물이 누구인지 그 이름을 써 보세요.

나는 하백의 딸이야. 아버지 몰래
하늘 신의 아들 해모수를 사랑한 죄로 쫓겨났지.
다행히 부여의 왕에게 발견되어 궁궐에서 살게 되었어.

_____

4

지도
읽기

빈칸에 들어갈 알맞은 지역을 다음 지도에서 찾아 기호를 써 보세요.

주몽은 부여를 떠나 ⬜에
고구려를 세웠다.

_____

5 빈칸을 채우며, 이 글의 내용을 정리해 보세요.

핵심
정리

유화가 낳은 알에서 ㉠ [ ][ ] 이 나왔다.

↓

부여의 왕자들은 활 쏘는 실력이 뛰어난 주몽을 질투했다.

↓

주몽은 부여를 떠나 졸본에 이르러 ㉡ [ ][ ][ ] 를 세웠다.

어휘 학습

6 낱말의 알맞은 뜻을 찾아 선으로 이어 보세요.

어휘
복습

(1) 궁궐 •　　　• ① 임금이 머무르는 집.

(2) 군사 •　　　• ② 한 나라의 중앙 정부가 있는 도시.

(3) 수도 •　　　• ③ 옛날에 군인이나 군대를 이르던 말.

7 대화를 읽고 빈칸에 들어갈 말로 알맞은 것을 골라 보세요. (　　　)

어휘
적용

두기: 형, 어제 올림픽 양궁 여자 단체전 경기 봤어?

하다: 응, 선수들의 화살이 쏘는 족족 10점에 꽂히더라고!

두기: 대표팀의 솜씨는 정말 백발백중인 것 같아!

하다: 백발백중? 그게 무슨 뜻이야?

두기: 총이나 활을 쏠 때 _____

① 신중하게 쏨을 이르는 말이야. 　　② 다소 시간이 걸림을 이르는 말이야.

③ 겨눈 곳에 모두 맞음을 이르는 말이야. 　④ 겨눈 곳에 모두 비껴감을 이르는 말이야.

가로세로 키워드 찾기!

▶ 정답 17쪽

아래에 있는 가로세로 열쇠 힌트를 읽고, 알맞은 키워드를 넣어 가로세로 역사 퍼즐을 완성해 보세요.

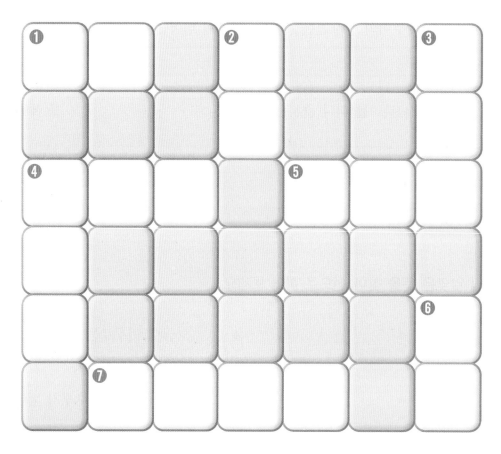

 가로 열쇠

❶ 구석기 시대 사람들은 먹을거리가 떨어지면 다른 곳으로 〇〇하며 살았어.

❹ 우리 역사상 최초의 나라야.

❺ 신석기 시대에는 돌을 갈아서 도구를 만들었어. 이것을 〇〇〇라고 해.

❼ 고조선을 세운 사람이야. 환웅과 웅녀의 아들이지.

 세로 열쇠

❷ 신석기 시대에는 사람들이 조와 수수 등을 〇〇지으며 살았어.

❸ 〇〇〇 시대에는 사람들이 이동하지 않고 한곳에 움집을 짓고 살았어.

❹ 주몽이 졸본에 세운 나라야.

❻ 〇〇으로 도구를 만들어 사용하던 시대를 청동기 시대라고 해.

한반도에 새로운 나라들이 생겨나기 시작했어!
과연 어떤 나라들이 우리 역사에 등장했을까?

2주

기원전 57년
박혁거세,
신라 건국

기원전 18년
온조,
백제 건국

42년
김수로,
금관가야 건국

06

아버지를 찾아
고구려에 온 유리

> 유리와 함께 숨겨진 물건을 찾겠어! 그런데 유리는 어떤 물건을 찾는 걸까?

'와장창!'

어디선가 날아든 돌에 항아리가 깨지고 말았어. 항아리에 물을 긷던 부인은 씩씩거리면서 큰 소리로 화를 냈지.

"누가 항아리에다가 새총을 쏜 거야? 당장 나오지 못해?"

그러자 한 남자아이가 쭈뼛거리며❶ 나타나 잘못을 빌었어. 이 아이는 ☆유리야.

"죄송합니다. 참새를 쏘려다가 실수로 항아리를 깨 버렸습니다."

"당장 아버지 모셔 와! 자식 교육이 이래서야, 쯧쯧."

부인은 고개를 숙이고 사과하는 유리를 향해 욕을 했어. 유리는 대꾸하❷지도 못하고 집으로 와 어머니에게 물었지.

"어머니, 제 아버지는 어떤 분입니까?"

유리의 질문에 어머니는 한참 동안 생각하다가 입을 뗐어.

"네 아버지는 남쪽으로 가 고구려를 세운 주몽 왕이란다."

어머니는 깜짝 놀란 유리를 다독이며❸ 말을 이었어.

"이제 때가 된 것 같구나. 지금부터 아버지께서 남긴 말을 전할 테니 잘 들도록 해라. 일곱 모가 난 돌 위의 소나무 밑에 숨겨 둔 물건을 찾아 아버지에게 가거라. 숨겨 둔 물건을 가져오면 너를 아들로 인정하겠다고 했단다."

"당장 찾아보겠어요!"

유리는 물건을 찾기 위해 밤낮을 가리지 않고 산골짜기를 돌아다니며 소나무 밑을 파 보았어. 하지만 물건이 숨겨진 소나무를 발견할 수 없었지.

---

❶ **쭈뼛거리다** 부끄러워서 머뭇거리다. ❷ **대꾸하다** 남의 말을 듣고 대답하다. ❸ **다독이다** 다른 사람의 약한 점을 따뜻하게 어루만져 감싸고 달래다.

"아무래도 어머니가 거짓말을 한 것이 아닐까?"

유리는 풀[4]이 죽어 마루에 앉아 고개를 푹 숙였어. 그때 유리의 눈에 돌 위에 세워진 소나무 기둥이 보였지.

"하나 둘 셋 넷 다섯 여섯 일곱! 일곱 모를 가진 돌 위에 소나무 기둥이 세워져 있잖아? 그래! 정답은 우리 집 기둥이야."

유리는 기둥 밑을 파 부러진 칼 한쪽을 찾았어. 그리고 곧장 짐을 꾸려 주몽이 있는 고구려로 향했지.

"저는 폐하[5]께서 부여에서 낳은 아들 유리입니다."

"네가 내 아들이라는 증거[6]를 대 보아라."

"이 부러진 칼이라면 증거가 되겠습니까?"

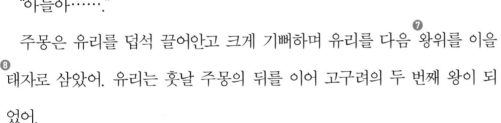

주몽은 유리가 내민 칼을 보자 두 눈이 동그래졌어. 그리고 자신이 가지고 있던 부러진 칼의 나머지 반쪽을 꺼내어 합치자 칼은 완벽하게 하나가 되었지.

"아들아……."

주몽은 유리를 덥석 끌어안고 크게 기뻐하며 유리를 다음 왕위[7]를 이을 태자[8]로 삼았어. 유리는 훗날 주몽의 뒤를 이어 고구려의 두 번째 왕이 되었어.

용선생 키워드　　유리　　주몽의 아들

---

[4] 풀(이) 죽다 밝고 힘찬 기운이 없어지다. [5] 폐하 황제나 황후를 높여 부르는 말. [6] 증거 사실을 증명할 수 있는 근거. [7] 왕위 임금의 자리. [8] 태자 황제의 아들 중에 다음 황제가 될 사람.

1 이 글을 읽고 다음 문장에 들어갈 알맞은 낱말을 골라 O표 해 보세요.

중심
내용

> 유리는 아버지인 ㉠ (주몽 / 환웅)을 찾아서 ㉡ (고구려 / 부여)로 떠났다.

2 이 글의 유리에 대한 설명으로 알맞은 것을 <u>모두</u> 선으로 이어 보세요.

인물
이해

저는 유리
입니다.

● ㉠ 고구려의 태자가 되었다.

● ㉡ 주몽의 아들로 인정받지 못했다.

● ㉢ 아버지가 숨겨 둔 물건을 찾았다.

● ㉣ 어머니에게 아버지에 대해 묻지 않았다.

3 다음 인터뷰에서 이 글의 내용과 일치하지 <u>않는</u> 것은 무엇인가요? (   )

내용
적용

> 기자: 유리님, ① 고구려의 두 번째 왕이 되신 것을 축하드립니다! 그동안 많은 일이
> 있었는데요, 아버지가 주몽이라는 사실은 어떻게 알게 되었나요?
>
> 유리: ② 어머니께서 아버지가 남기신 이야기를 들려주셨어요. ③ 일곱 모가 난 돌 위
> 의 소나무 밑에 물건을 감춰 두었으니 그것을 찾아 오라고 하셨습니다.
>
> 기자: 그것을 찾으셨군요. 어떻게 찾으셨나요?
>
> 유리: 산 속 소나무 밑을 모두 팠습니다. 드디어 ④ 산 정상에 있던 소나무 밑에서 발
> 견했죠!

4 다음 주몽의 말에 대한 유리의 대답으로 알맞은 것은 무엇인가요? (   )

내용
이해

> 네가 내 아들이라는 증거를 대 보아라!

① 증거는 찾지 못하였지만 어머니께 들었습니다.

② 저도 아버지처럼 커다란 알을 깨고 나왔습니다!

③ 제 어릴 적 사진을 봐 주십시오. 닮지 않았습니까?

④ 여기 아버지께서 숨겨 둔 부러진 칼을 찾아왔습니다!

5 빈칸을 채우며, 이 글의 내용을 정리해 보세요.

핵심
정리

> 보기　　　온조　　　유리　　　태자　　　황제

부여에 살던 주몽의 아들 ㉠_____는 아버지가 숨겨 둔 부러진 칼을 찾아 고구려로 갔다. 주몽이 나머지 칼 반쪽을 꺼내 맞추어 보고 자신의 아들임을 확인한 뒤 유리를 고구려의 ㉡_____로 삼았다.

어휘 학습

6 뜻풀이에 알맞은 낱말을 골라 ○표 해 보세요.

어휘
복습

(1) 임금의 자리. ·· (왕위 / 왕자)

(2) 황제나 황후를 높여 부르는 말. ···························· (신하 / 폐하)

(3) 황제의 아들 중에 다음 황제가 될 사람. ················· (서자 / 태자)

7 대화를 읽고 빈칸에 들어갈 말로 알맞은 것을 골라 보세요. (　　　　　)

어휘
적용

두기: 혹시 하다 형 소식 들었어?

수재: 무슨 소식?

두기: 오늘 축구 시합에서 하다 형이 자기 편 골대에 공을 넣었대.

수재: 정말? 어쩐지 하다가 평소와 다르게 풀이 죽어 있더라.

두기: 풀이 죽어? 그게 무슨 뜻이야?

수재: _____ 라는 말이야.

① 중요도나 책임이 크다　　　　② 동작이 느리고 굼뜨다

③ 힘이 가득해 넘치는 듯하다　　④ 밝고 힘찬 기운이 없어지다

온조, 고구려를 떠나 새 나라 백제를 세우다!

비류와 온조는 무슨 이유로 갈라지게 되었을까? 형제끼리 힘을 합치면 좋았을 텐데 말이야.

"부여에서 나를 찾아온 유리를 태자로 삼겠다."

고구려의 왕인 주몽이 부여에서 내려온 큰 아들 유리에게 왕위를 잇게 하자 비류와 *온조는 크게 놀랐어. 비류와 온조는 주몽이 부여에서 졸본으로 온 뒤 소서노와 결혼해 낳은 아들들이야. 이들은 유리가 태자가 되자 불안해지기 시작했어.

"갑자기 나타난 유리에게 왕이 될 기회를 빼앗기다니!"

"그보다도 유리가 왕이 되면 우리 목숨은 어떻게 되는 것입니까? 유리에게 우리는 눈엣가시❶일 것입니다."

"온조야, 우리를 따르는 신하❷와 백성들을 데리고 남쪽으로 내려가 새로운 나라를 세우는 것이 어떻겠느냐?"

"좋습니다! 아버지가 하셨던 것처럼, 우리도 남쪽으로 내려가 나라를 세웁시다!"

이렇게 비류와 온조는 어머니 소서노와 자신을 따르는 10명의 신하, 그리고 수많은 백성들을 데리고 고구려를 떠나 남쪽으로 내려갔어.

그런데 얼마 뒤, 두 형제는 나라를 어느 곳에 세울지를 두고 다투기 시작했어.

"비류 형님, 강가❸에 자리 잡은 *위례성으로 갑시다. 위례성이야말로 나라를 세우기에 가장 좋은 곳입니다."

"아니다, 바닷가에 있는 미추홀에 나라를 세우는 것이 좋겠다. 왜 이리 고집을 피우느냐."

"위례성은 수도로서 최고의 조건❹을 가진 곳입니다. 북쪽에는 강이 있고

역사 사전

위례성과 미추홀
위례성은 한강 부근에 위치한 서울 송파구 일대라고 전해져. 미추홀은 오늘날의 인천이야.

---

❶ **눈엣가시** 몹시 밉거나 싫어 늘 눈에 거슬리는 사람. ❷ **신하** 임금을 모시며 나랏일을 맡아 보던 사람. ❸ **강가** 강의 가장자리에 맞닿아 있는 땅. ❹ **조건** 어떤 일을 이루기 위해 갖추어야 하는 것.

동쪽에는 산이 있지요. 또 남쪽에는 평평한 들판[5]이 펼쳐져 있으니 이와 같은 곳이 또 어디 있겠습니까?"

"아니야. 꼭 미추홀이어야 해!"

결국 두 형제는 의견을 하나로 모으지 못하고 헤어지게 되었어. 비류와 온조 두 형제는 각각 미추홀과 위례성에 나라를 세워 다스렸지.

얼마 지나지 않아 미추홀에 간 백성들에게서 불만이 터져 나오기 시작했어.

"이곳은 땅이 습하고[6] 물도 매우 짜 곡식이 잘 자라지 않아. 편하게 살기는 글렀어[7]. 온조 님이 계신 위례성으로 가자!"

비류를 따라 갔던 신하와 백성들은 더 이상 미추홀에서 생활하지[8] 못하고, 온조가 있는 위례성으로 갔어. 온조는 이들을 반갑게 받아들였지.

"백성들이 나를 즐겨 따르니 나라의 이름을 ☆백제로 하겠다."

온조는 나라의 이름을 백제로 정하고 나라를 크게 발전시켰어.

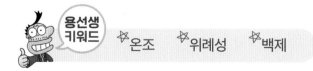

용선생 키워드　☆온조　☆위례성　☆백제

---

[5] 들판 평평하고 넓은 땅. [6] 습하다 물기가 많아 축축하다. [7] 그르다 어떤 상태가 좋지 않게 되다. [8] 생활하다 사람이나 동물이 일정한 환경에서 활동하며 살아가다.

1 이 글의 중심 내용으로 알맞은 것은 무엇인가요? (   )

중심
내용

① 부여에서 온 주몽의 큰 아들 유리

② 유리 때문에 마음이 불안해진 온조와 비류

③ 백제가 세워지기까지의 비류와 온조 이야기

④ 미추홀에서 농사를 어렵게 짓고 있는 백성들

2 이 글을 읽고 다음 문장에 들어갈 알맞은 낱말을 골라 ○표 해 보세요.

내용
이해

 온조 님이 자리 잡은 (미추홀 / 위례성)은 북쪽에는 강이 있고 남쪽에는 평평한 들판이 펼쳐져 있으니 수도로서 최고입니다.

3 다음 온조의 일기를 읽고 이 글의 내용과 일치하지 <u>않는</u> 것을 골라 보세요. (   )

내용
적용

고구려를 떠나며   날짜: ○년 ○○월 ○○일

　오늘 ① 아버지가 유리를 태자로 삼으셨다. ② 유리는 나, 비류 형과 함께 졸본에서 태어난 왕자이다. 나와 비류 형은 크게 놀랐다. 유리에게 왕이 될 기회를 빼앗기다니! ③ 그래서 우리는 고구려를 떠나기로 했다. ④ 아버지 주몽께서 그랬듯, 우리를 따르는 사람들과 함께 남쪽으로 내려가 나라를 세울 것이다.

4 이 글에서 다음 백성이 겪게 될 일로 알맞은 것은 무엇인가요? (   )

추론

비류 님을 따라 바닷가로 가자!

① 물이 짜 농사짓기가 힘들었다.

② 바닷가에 있는 위례성에서 살았다.

③ 농사가 잘되어 먹을거리 걱정이 없었다.

④ 미추홀로 온 온조와 백성들을 반겨 주었다.

5 빈칸을 채우며, 이 글의 내용을 정리해 보세요.

핵심
정리

> 부여에서 내려온 유리가 고구려의 태자가 되었다.

⬇

> 비류와 온조는 남쪽으로 내려가 미추홀과 ㉠ [ ][ ][ ] 에
>
> 각각 나라를 세웠다.

⬇

> 온조는 비류를 따라갔던 백성들이 자신의 나라로 오자
>
> 나라 이름을 ㉡ [ ][ ] 라 정했다.

6 낱말의 알맞은 뜻을 찾아 선으로 이어 보세요.

어휘
복습

(1) 신하 •   • ① 강의 가장자리에 맞닿아 있는 땅.

(2) 강가 •   • ② 어떤 일을 이루기 위해 갖추어야 하는 것.

(3) 조건 •   • ③ 임금을 모시며 나랏일을 맡아 보던 사람.

7 밑줄 친 낱말이 잘못 쓰인 문장을 골라 보세요. (   )

어휘
적용

① 왕은 <u>신하</u>의 공을 인정하여 큰 상을 내렸다.

② 선애는 여름 방학 동안 규칙적으로 <u>생활했다</u>.

③ 올리브는 기후 <u>조건</u>이 맞는 지역에서 잘 자란다.

④ 오랫동안 가물어서 땅이 바짝 마르고 매우 <u>습하다</u>.

08

알에서 나온 박혁거세, 신라를 세우다!

신비롭게 태어난 박혁거세는 신라를 세웠어! 신라를 세운 곳이 어디인지 아니?

❶ 한반도 동남쪽의 경주에는 사람들이 여섯 개의 마을을 이루고 살았어. 여섯 마을을 이끄는 촌장❷들은 함께 마을의 중요한 일을 결정했지. 그러던 어느 날, 여섯 촌장들이 언덕 위에 모여 회의를 열고 있을 때였어.

"백성들이 규칙❸을 따르지 않고 제멋대로 행동하니 어찌하면 좋겠습니까?"

"우리의 덕❹이 부족해 그런 것이 아니겠습니까? 덕이 높은 사람을 찾아 왕으로 모시고 나라를 세우는 것이 어떻습니까?"

"좋습니다. 그런데 누구를 왕으로 세울지……."

그때였어. 알 수 없는 빛이 나정이란 우물을 향해 쏟아졌지. 촌장들이 언덕 위에서 고개를 내밀고 내려다보니 우물 옆에 하얀 말이 무릎을 꿇고 앉아 있었어.

"얼른 우물로 가 봅시다!"

촌장들이 황급히 달려갔어. 그러자 우물 옆에 있던 하얀 말이 길게 울음소리를 내더니 하늘로 날아 올라가고 그 자리에는 붉은 빛의 커다란 알 한 개가 놓여 있었지.

"응애! 응애!"

"아니, 이럴 수가! 알에서 아이가 나왔소!"

"하늘이 우리의 소원을 듣고 왕이 되실 분을 내려 주신 게 틀림없습니다!"

촌장들은 다 같이 기뻐하며 아이를 데려다 길렀어. 그러고는 아이가 박처럼 둥근 알을 깨고 세상에 나왔으니 성을 '박'씨로 하고, 이름을 혁거세라 지어 주었지. 이렇게 해서 알에서 나온 아이는 ✡박혁거세가 되었어.

역사 사전

경주
경상북도 동남쪽에 있는 도시야. 경주는 신라가 멸망할 때까지 무려 천년 동안 신라의 수도였어.

경주●

---

❶ **한반도** 우리나라 국토의 전체를 이르는 말. ❷ **촌장** 마을의 일을 맡아보던 우두머리. ❸ **규칙** 여러 사람이 다 같이 지키기로 한 법칙. ❹ **덕** 너그럽고 인간적인 성품.

한편 박혁거세가 태어나던 날, 한 할머니가 알영정이란 우물에서 신비한
⑤광경을 보았어.

"에구머니나! 닭의 머리를 한 용이 여자아이를 낳았잖아!"

용이 낳은 아이는 입술이 닭의 ⑥부리처럼 뾰족했어. 할머니가 아이를 냇가
로 데려가 씻기자 얼굴에서 부리가 똑 떨어지고 예쁜 입술이 나왔지.

이 아이의 이름은 태어난 우물의 이름을 따서 '알영'이 되었어.

사람들은 궁궐을 짓고 신비롭게 태어난 두 아이,

박혁거세와 알영을 그곳에서 정성껏 길렀지.

"이제 박혁거세님이 열세 살이 되었으니

우리의 왕으로 모십시다."

왕이 된 박혁거세는 알영을 왕비로 맞아

들이고 경주에 나라를 세웠어. 이 나라가

바로 ※신라야.

나 박혁거세가 너희들을 다스리겠다!

우리의 왕으로 받들겠습니다!

용선생 키워드　※박혁거세　※신라

---

⑤ **광경** 어떤 일이 벌어지는 모습. ⑥ **부리** 새나 짐승의 주둥이.

1 이 글을 읽고 알맞은 선을 그어 중심 문장을 완성해 보세요.

중심
내용

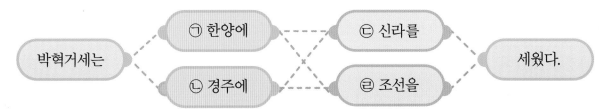

박혁거세는 — ㉠ 한양에 / ㉡ 경주에 — ㉢ 신라를 / ㉣ 조선을 — 세웠다.

2 다음 사건 일지에서 이 글의 내용과 일치하지 <u>않는</u> 것은 무엇인가요? (   )

내용
적용

> **사건 일지**   일시: 기원전 69년   장소: 경주
>
> 경주의 여섯 마을을 이끌던 촌장들이 언덕 위에 모여 회의를 하고 있었다. ① <u>이 때 알 수 없는 빛이 우물에 쏟아졌다.</u> 놀란 촌장들은 우물로 달려갔는데, 우물 옆에 ② <u>하얀 호랑이가 무릎을 꿇고 앉아 있었다.</u> 그리고 그 자리에는 ③ <u>붉은 빛이 나는 커다란 알이 놓여 있었는데,</u> 알을 깨고 아이가 나왔다. ④ <u>촌장들은 알에서 나온 아이에게 박혁거세라는 이름을 지어 주었다.</u>

3 이 글을 읽고 밑줄 친 잘못된 낱말을 바르게 고쳐 써 보세요.

내용
이해

> 신라의 왕비이신 <u>유화</u>님은 닭의 머리를 한 용에게서 태어났어요!

_____

4 다음 기자의 질문에 대한 촌장의 대답으로 알맞은 것은 무엇인가요? (   )

내용
적용

> 기자: 알에서 나온 아이의 이름을 박혁거세로 정한 까닭은 무엇인가요?

① 아이가 혁거세 우물에서 발견되었기 때문이지요.
② 여섯 촌장들의 성씨가 모두 '박'씨여서 따라 지었지요.
③ 박처럼 생긴 알을 깨고 나와 성을 '박'이라 지었습니다.
④ 아이가 "혁거세 혁거세" 하고 울어서 이름을 혁거세로 지었지요.

5 빈칸을 채우며, 이 글의 내용을 정리해 보세요.

핵심
정리

㉠				부부	알영
• 박처럼 생긴 커다란 알에서 나왔다. • 경주에 ㉡ ⬚⬚ 를 세웠다.					• 알영정이란 우물에 나타난 닭의 머리를 한 용에게서 태어났다. • 태어났을 때 입술이 닭의 부리처럼 뾰족했다.

어휘 학습

6 낱말의 알맞은 뜻을 찾아 선으로 이어 보세요.

어휘
복습

(1) 촌장 •　　　• ① 어떤 일이 벌어지는 모습.

(2) 한반도 •　　　• ② 마을의 일을 맡아보던 우두머리.

(3) 광경 •　　　• ③ 우리나라 국토의 전체를 이르는 말.

7 보기 에서 알맞은 낱말을 찾아 밑줄 친 말을 바꾸어 써 보세요.

어휘
적용

보기	광경	규칙	덕	부리

(1) 잘난 체하는 사람은 겸손의 <u>너그럽고 인간적인 성품</u>을 배워야 한다.

➡ 잘난 체하는 사람은 겸손의 (　　　　　)을 배워야 한다.

(2) 학교에서는 정해진 <u>여러 사람이 다 같이 지키기로 한 법칙</u>을 잘 지켜야 한다.

➡ 학교에서는 정해진 (　　　　　)을 잘 지켜야 한다.

꾀가 많은 신라 왕, 석탈해

나도 누구 못지않은 꾀돌인데! 왕이 된 석탈해는 나보다 한 수 위인 것 같아!

박혁거세가 나라를 세운 지 39년이 지난 어느 날, 신라의 동쪽 바닷가 근처에서 까치가 소란스럽게 울었어. 한 할머니가 까치 소리를 따라가자 바다에 떠 있는 배가 보였어. 할머니는 조심스럽게 배 안으로 들어갔어. 그러고는 그곳에 있던 커다란 상자를 조심스레 열어 보았지.

"에구머니나, 아이가 들어 있잖아?"

상자 안에는 건강한 사내아이와 함께 온갖 보물들이 들어 있었어. 아이가 할머니에게 말했지.

"할머니, 저는 먼 바다에서 온 왕자예요. 제 어머니는 임신한 지 7년 만에 알을 낳았어요. 아버지는 ❶불길하다며 당장 버리라고 했지만, 어머니는 그러지 않고 알을 곱게 싸서 배에 띄워 보내 제가 여기까지 온 거예요!"

할머니는 신비로운 이 아이에게 이름을 지어 주었어. 까치가 울어 발견하게 되었으니 까치 작(鵲) 자에서 한쪽을 떼어 ☆석(昔)으로 성을 삼고, 알을 깨고 나왔다고 하여 ☆탈해(脫解)라고 불렀지.

할머니는 탈해를 정성껏 키웠어. 가끔은 따끔한 ❷충고도 잊지 않았지.

"탈해야, 너는 한 나라를 이끌 사람이다. ❸무술을 익혀 힘을 기르고 덕을 쌓아라."

탈해는 할머니의 말씀을 듣고 토함산에 올라가 열심히 훈련했어. 토함산에서 내려다본 마을은 참 아름다웠지. 탈해는 문득 ❹대궐 옆에 지은 큰 집이 아주 맘에 들었어.

"저 언덕이 참 좋구나. 저 집에서 살고 싶은데, 무슨 방법이 없을까?"

탈해는 고민 끝에 좋은 꾀를 생각해 냈어. 탈해는 며칠을 그 집 주위를

역사 사전

토함산
경상북도 경주시에 위치한 산이야. 경주에서 가장 높은 산이기도 해. 토함산 기슭에는 신라의 대표적인 문화유산인 불국사와 석굴암이 있어.

❶ **불길하다** 운이 좋지 않아 나쁜 일이 생길 것 같다. ❷ **충고** 남의 잘못을 진심으로 타이르거나 일러 주는 것. ❸ **무술** 몸이나 무기를 써서 싸우는 기술. ❹ **대궐** 임금이 사는 집.

돌면서 숯 부스러기와 쇠붙이 부스러기를 묻어 두었지. 그러고는 집주인을 찾아가 큰 소리로 말했어.

"이곳은 우리 조상들이 대대로 살던 곳인데, 어찌 주인의 허락도 없이 이곳에 집을 지으셨습니까?"

"⑤빈터에 집을 지었건만 무슨 소리인가?"

"집은 어르신이 지었을지 몰라도 땅은 내 땅입니다."

"증거가 있소?"

"우리 집은 대대로 ⑥대장장이였습니다. 이 집이 그 대장간 터였으니 주위를 파 보면 옛날에 쓰던 숯이 나올 겁니다."

집주인은 답답한 마음에 탈해가 말한 대로 땅을 파 보았어. 아니나 다를까, 집 근처에서 숯과 쇠붙이가 나온 거야. 증거가 나오자 탈해는 결국 그 집을 차지하게 되었어.

탈해의 기막힌 꾀는 왕의 귀에도 들어갔어.

"뛰어난 ⑦인재로다. 내 석탈해를 곁에 두고 나라 일을 돌보게 하겠다."

왕은 탈해를 신비한 인물로 여기고 첫째 공주와 결혼시켰어. 탈해는 ⑧관리로서 능력을 펼치다 ☆신라의 왕이 되었지. 왕이 된 탈해는 꾀로 빼앗은 집을 원래 주인에게 돌려주고, 백성을 위한 정치를 펼치며 나라를 잘 다스렸다고 해.

☆석탈해   ☆신라의 왕

⑤ **빈터** 집이나 밭이 없이 비어 있는 땅. ⑥ **대장장이** 쇠를 달구어 칼이나 낫 등 도구를 만드는 기술자. ⑦ **인재** 재능이 뛰어난 사람. ⑧ **관리** 나랏일을 맡아보는 사람.

1 이 글을 읽고 다음 문장에 들어갈 알맞은 낱말을 골라 ○표 해 보세요.

중심
내용

> 먼 바다에서 온 석탈해는 ㉠ (돌 / 알)을 깨고 나왔다. 그는 ㉡ (고구려 / 신라)
> 의 왕이 되어 나라를 잘 다스렸다.

2 이 글의 석탈해에 대한 설명으로 알맞은 것을 선으로 이어 보세요.

인물
이해

● ㉠ 훗날 신라의 왕이 되었다.

● ㉡ 위례성에 새로운 나라를 세웠다.

● ㉢ 알에서 나와 경주에 신라를 세웠다.

3 이 글을 읽고 석탈해가 다음과 같이 행동한 까닭을 골라 보세요. (   )

추론

① 꾀로 집을 차지하기 위해서이다.
② 낡은 숯을 보관하기 위해서이다.
③ 집 주위를 어지럽히기 위해서이다.
④ 식물들에게 거름을 주기 위해서이다.

4 이 글의 내용과 일치하면 ○표, 일치하지 않으면 Ⅹ표 해 보세요.

내용
이해

(1) 석탈해의 어머니는 임신한 지 7년 만에 알을 낳았다. ( )

(2) 왕은 석탈해의 소문을 듣고 석탈해를 잡아 감옥에 가두었다. ( )

(3) 석탈해는 왕이 된 후 자신이 꾀로 빼앗은 집을 원래 주인에게 돌려줬다. ( )

5 빈칸을 채우며, 이 글의 내용을 정리해 보세요.

핵심
정리

> 한 할머니가 바다에 떠 있는 배에서 사내아이가 들어 있는 커다란 상자를 발견했다.

⬇

> 할머니가 사내아이에게 ㉠ [ ] 라는 이름을 붙여 주었다.

⬇

> 왕이 그를 신비한 인물로 여겨 첫째 공주와 결혼을 시켰다.

⬇

> 그는 신라의 ㉡ [ ] 이 되어 백성을 위한 정책을 펼치며 나라를 다스렸다.

어휘 학습

6 뜻풀이에 알맞은 낱말을 골라 ○표 해 보세요.

어휘
복습

(1) 임금이 사는 집. ·· (대궐 / 왕위)

(2) 재능이 뛰어난 사람. ·· (인사 / 인재)

(3) 몸이나 무기를 써서 싸우는 기술. ··· (무술 / 예술)

7 빈칸에 들어갈 알맞은 낱말을 보기 에서 찾아 문장을 완성해 보세요.

어휘
적용

보기	관리	대장장이	빈터	충고

(1) 아버지는 단단하고 예리한 칼을 만드는 _____이다.
  ↳ 쇠를 달구어 도구를 만드는 기술자.

(2) 왕은 능력에 따라 _____를 뽑아 쓰기 위해 새로운 제도를 만들었다.
  ↳ 나랏일을 맡아보는 사람.

10

김수로와 형제들, 가야의 왕이 되다

하늘에서 황금 알이 6개나 내려왔대! 그 황금 알을 얻으려면 어디로 가야 할까?

한반도 남쪽에 위치한 낙동강 유역^❶ 에 아홉 명의 촌장이 마을을 다스리고 있었어. 어느 날, 하늘에서 크고 이상한 소리가 들려왔어.

"아니, 이게 무슨 소리일까요?"

"구지봉에서 소리가 나고 있습니다. 어서 그리 가 봅시다!"

아홉 명의 촌장과 백성들은 소리를 쫓아 줄줄이 구지봉으로 올라갔어. 그러자 갑자기 하늘에서 커다란 목소리가 들려왔지.

"여기 누가 있느냐?"

"저……, 저희가 있습니다."

"내가 있는 곳은 어디인가?"

"구지봉입니다."

아홉 촌장들은 온몸을 벌벌^❷ 떨며 간신히 대답했어. 그러자 하늘에서 또다시 소리가 들려왔지.

"하늘에서 나에게 명령하길 이곳에 나라를 세워 왕이 되라고 했다. 너희는 봉우리^❸ 꼭대기에서 땅을 파며 '거북아 거북아, 머리를 내놓아라. 만약 내놓지 않으면 구워 먹으리.'라는 노래를 부르며 춤을 추어라. 그러면 왕을 맞이하게 될 것이다."

왕을 맞이할 수 있다는 말에 촌장과 백성들은 신이 나 땅을 파고 노래를 부르며 춤을 추었지.

"거북아 거북아, 머리를 내놓아라. 만일 내놓지 않으면 구워 먹으리. 거북아 거북아 머리를 내놓아라……."

역사 사전

구지봉
경상남도 김해에 있는 산이야. 이곳에서 가야의 유적과 유물이 많이 발견되었어.

---

❶ **유역** 강물이 흐르는 바깥쪽 부분. ❷ **벌벌** 추위, 두려움 등으로 몸을 크게 자꾸 떠는 모양. ❸ **봉우리** 산에서 뾰족하게 높이 솟은 부분.

사람들이 노래를 부르고 춤을 춘 지 얼마 지나지 않아 하늘에서 자줏빛  밧줄이 스르륵 내려왔어. 사람들은 줄이 내려온 곳을 따라가 보았더니 그 곳에는 붉은 보자기에 싸인 황금 상자가 있었지.

"황금 상자 안에 반짝이는 황금 알 6개가 들어 있습니다!"

촌장들은 모두 놀라 알을 향해 한없이 절을 했어. 이틀 뒤, 촌장들은 다시 모여 상자를 열었어. 곧 알 하나가 금이 가기 시작하더니 아이가 머리를 내밀었지.

"에구머니나, 아이가 알을 깨고 나오다니!"

"하늘이 우리에게 보내 준 왕이십니다."

나머지 알에서도 아이들이 차례대로 모습을 드러냈어.

사람들은 알에서 가장 먼저 나온 아이에게 ✲김수로라는 이름을 지어 주었어.

알에서 나온 김수로와 형제들은 훗날 여섯 ✲가야를 건국해 백성들을 다스렸지.

용선생 키워드 ✲김수로　✲가야

❹ **밧줄** 가는 줄을 굵고 기다랗게 꼰 줄. ❺ **보자기** 물건을 싸서 들고 다닐 수 있도록 네모지게 만든 작은 천. ❻ **금** 갈라지지 않고 터지기만 한 흔적. ❼ **건국하다** 나라를 세우다. ❽ **백성** 옛날에 나라의 근본인 국민을 이르던 말.

1
중심
내용

이 글의 김수로와 형제들에 대한 설명으로 알맞은 것을 모두 선으로 이어 보세요.

⊙ 황금 알에서 태어남.

ⓒ 웅녀와 환웅 사이에서 태어남.

김수로와 형제들

ⓒ 백제의 왕이 됨.

② 여섯 가야의 왕이 됨.

2
내용
이해

다음 빈칸에 공통으로 들어갈 낱말로 알맞은 것은 무엇인가요? (   )

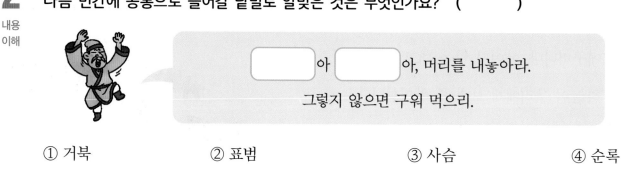

　　　　아 　　　　아, 머리를 내놓아라.
그렇지 않으면 구워 먹으리.

① 거북　　　　　　② 표범　　　　　　③ 사슴　　　　　　④ 순록

3
추론

이 글을 읽고 다음 질문에 대한 대답으로 알맞은 것을 골라 보세요. (   )

왜 촌장과 백성들은 구지봉에서 노래를 부르고 춤을 췄나요?

① 왕비를 맞이하기 위해서이다.
② 나라를 다스릴 왕을 맞이하기 위해서이다.
③ 농사가 잘되게 해 달라고 빌기 위해서이다.
④ 마을에 퍼진 전염병을 물리치기 위해서이다.

4
내용
이해

이 글을 읽고 친구들이 알게 된 사실로 알맞지 <u>않은</u> 것은 무엇인가요? (   )

① 하다: 김수로와 형제들은 가야를 건국했어.
② 영심: 촌장들은 왕을 맞이하기 위해 춤을 추었어.
③ 수재: 알에서 가장 먼저 나온 아이의 이름은 김수로야.
④ 선애: 황금 상자 안에는 10개의 황금 알이 들어 있었지.

5 빈칸을 채우며, 이 글의 내용을 정리해 보세요.

핵심
정리

> 하늘에서 커다란 목소리가 들려와 왕을 맞이하려면
> 땅을 파고 노래 부르며 춤을 추라고 했다.

⬇

> 구지봉에서 촌장들과 백성들이 노래를 부르자
> 하늘에서 자줏빛 밧줄이 내려왔고, 그곳에 황금 상자가 있었다.

⬇

> 황금 상자 안에 있던 알에서 ㉠ ☐ ☐ 와 형제들이 나왔다.
>
> 그와 형제들은 여섯 ㉡ ☐ ☐ 를 건국해 다스렸다.

어휘 학습

6 낱말의 알맞은 뜻을 찾아 선으로 이어 보세요.

어휘
복습

(1) 유역　●　　　●① 나라를 세우다.

(2) 봉우리　●　　　●② 강물이 흐르는 바깥쪽 부분.

(3) 건국하다　●　　　●③ 산에서 뾰족하게 높이 솟은 부분.

7 밑줄 친 낱말의 뜻이 다음과 같은 것을 골라 보세요. (　　　)

어휘
적용

> 옛날에 나라의 근본인 국민을 이르던 말.

① 주아는 나무에 밧줄을 걸어 그네를 만들었다.

② 선생님은 관악산의 제일 높은 봉우리에 올랐다.

③ 박물관에서 조선 시대에 만들어진 보자기를 보았다.

④ 왕은 홍수 피해를 입은 백성들에게 쌀을 나눠 주었다.

키워드 찾기 대작전!

▶ 정답 17쪽

💡 각각의 빈칸에 들어갈 키워드를 아래 글자판에서 찾아 동그랗게 묶고, 해당 번호를 써 보세요.

❶ ○○는 아버지인 주몽을 찾아 고구려로 떠났어. 그리고 주몽의 뒤를 이어 고구려의 두 번째 왕이 되었지.

❷ 주몽은 부여에서 낳은 아들에게 일곱 모가 난 돌 위의 ○○○ 밑에 숨겨 둔 물건을 찾아오면 자신의 아들로 인정하겠다는 말을 남겼어.

❸ 주몽의 아들인 ○○와 온조는 고구려를 떠나 남쪽으로 가서 나라를 세웠어.

❹ 온조는 ○○○에 나라를 세우고 나라의 이름을 백제라고 지었어.

❺ ○○○○는 커다란 알을 깨고 나왔어. 그리고 경주에 신라를 세웠지.

❻ 닭의 머리를 한 용이 낳은 여자아이의 이름은 ○○이야. ○○은 신라의 첫 번째 왕비가 되었어.

❼ ○○○는 숯 부스러기와 쇠붙이 부스러기로 꾀를 부려 대궐 옆에 있는 큰 집을 차지했어.

❽ 하늘에서 낙동강 유역의 아홉 촌장들에게 6개의 황금 알을 내려 주었어. 황금 알 중 가장 먼저 알을 깨고 나온 사람은 ○○○야.

수	알	박	지	원	위
영	지	혁	소	례	촉
❶유	리	거	성	나	오
석	가	세	수	나	무
탈	김	수	로	비	왕
해	정	리	봇	하	류

고구려, 백제, 신라가 전쟁을 벌이고 있어.
삼국 중 어떤 나라가 승리를 차지할까?

3주

371년
백제,
평양성 공격

396년
고구려,
위례성 공격

427년
고구려,
평양 천도

회차	학습 내용	핵심 키워드	교과 연계	학습 계획일
11	**허황옥**, 하늘이 정해 준 가야의 왕비	✡ 허황옥 ✡ 가야의 왕비	【사회 5-2】 1. 옛사람들의 삶과 문화 ① 나라의 등장과 발전	월 일
12	백제의 전성기를 이끈 **근초고왕**	✡ 근초고왕 ✡ 백제의 전성기	【사회 5-2】 1. 옛사람들의 삶과 문화 ① 나라의 등장과 발전	월 일
13	**광개토 대왕**, 천하의 중심으로 우뚝 서다	✡ 광개토 대왕 ✡ 고구려의 영토 확장	【사회 5-2】 1. 옛사람들의 삶과 문화 ① 나라의 등장과 발전	월 일
14	**장수왕**, 꾀로 한강을 차지하다!	✡ 장수왕 ✡ 평양 천도 ✡ 위례성 차지	【사회 5-2】 1. 옛사람들의 삶과 문화 ① 나라의 등장과 발전	월 일
15	백제여, 다시 일어나라! **무령왕**	✡ 무령왕 ✡ 무령왕릉	【사회 5-2】 1. 옛사람들의 삶과 문화 ① 나라의 등장과 발전	월 일
역사 놀이터		키워드로 비밀 숫자 찾기!		

11

허황옥, 하늘이 정해 준 가야의 왕비

김수로와 허황옥의 결혼을 축하해! 그런데 신부 허황옥은 어느 나라에서 왔지?

"❶ 왕비를 맞이하셔야 합니다. 더는 늦출 수 없습니다."

"저희 딸 중 한 명을 골라 왕비로 삼으십시오."

가야를 세운 김수로에게 촌장들이 하루빨리 왕비를 맞이해야 한다고 ❷ 간청했어. 하지만 김수로는 촌장들의 말에도 껄껄 웃기만 할 뿐이었지.

"나는 하늘의 ❸ 명령을 따라 가야의 왕이 되었소. 그러니 왕비도 하늘에서 내려 줄 테니, 너무 ❹ 재촉하지 마시오."

얼마 뒤, 김수로는 신하들을 불러 빠른 배와 좋은 말을 이끌고 당장 망산도로 가라고 명령했어. 신하들은 왕의 명령이 선뜻 이해가 가지 않았지만, 배와 말을 챙겨 섬으로 갔지. 신하들은 그곳에서 섬을 향해 다가오는 배 한 척을 보았어.

"저기 빨간 돛을 단 배가 우리 쪽으로 오고 있습니다!"

"이 소식을 폐하께 전합시다!"

신하들은 김수로에게 곧장 달려가 이 소식을 전했어. 그러자 김수로는 크게 기뻐하며, 배에 탄 손님을 얼른 보셔 오라고 했지.

배에는 아유타국의 공주 ✯허황옥과 그녀를 모시는 사람들이 타고 있었고 각종 ❺ 금은보화들도 잔뜩 실려 있었어. 신하는 공주에게 다가가 말했지.

"공주님, 폐하께서 공주님을 기다리고 계십니다. 궁으로 가시지요."

"어찌 너희들을 따라간단 말이냐. 너희 왕이 직접 오라 전해라."

신하들은 공주의 말을 김수로에게 전달했어. 그러자 김수로는 배 주변에

역사 사전

망산도

오늘날 부산광역시 강서구에 위치한 작은 섬이야. 김수로가 허황옥을 맞이한 곳으로 유명해.

망산도

---

❶ **왕비** 임금의 아내. ❷ **간청하다** 어떤 일을 애타게 부탁하다. ❸ **명령** 윗사람이 아랫사람에게 무엇을 하게 함.
❹ **재촉하다** 어떤 일을 빨리하도록 조르다. ❺ **금은보화** 금, 은, 옥, 진주 따위의 매우 귀중한 물건.

❻ 임시 궁전을 설치하고 공주가 오길 기다렸지. 마침내 허황옥이 배에서 내려와 김수로에게 인사했어.

"저는 아유타국의 공주 허황옥입니다."

"먼 곳에서 이곳 가야까지 오셨군요."

"어느 날 부모님의 꿈에 하느님이 나타나 말하길, 제가 수로의 왕비가 되어야 한다고 했습니다. 그 후 아유타국을 떠나 수로라는 분을 찾아다니고 있습니다."

하늘이 정해 준 나의 짝!

"제가 바로 당신이 찾던 그 수로입니다."

허황옥은 김수로의 말에 깜짝 놀랐어.

"이제야 하늘이 정해 준 짝인 당신을 만나게 되었군요!"

"오랫동안 공주가 오기만을 기다리고 있었습니다. ☆가야의 왕비가 되어 나와 함께 행복하게 삽시다!"

이렇게 하늘이 이어 준 김수로와 허황옥은 부부의 ❼인연을 맺고 서로를 아끼고 사랑하면서 가야를 다스렸어.

용선생 키워드　☆허황옥　☆가야의 왕비

---

❻ **임시** 그때그때 필요에 따라 정한 것.　❼ **인연** 사람들 사이에 맺어지는 관계.

1 이 글을 읽고 밑줄 친 잘못된 낱말을 바르게 고쳐 써 보세요.

중심
내용

> 김수로는 아유타국의 공주 허황옥을 가야의 <u>관리</u>로 맞이했다.

_____

2 이 글을 읽고 빈칸에 들어갈 알맞은 인물을 골라 보세요. (   )

내용
적용

> 우리 고장 김해를 대표하는 인물 [   ]
>
> • 생몰 연대: ? ~ 188년   • 출생국: 아유타국
> • 소개: 빨간 돛을 단 배를 타고 가야에 온 아유타국의 공주이다.

①  해모수와 사랑에 빠진 죄로 쫓겨났어요.

② 쑥과 마늘을 먹고 사람이 되었어요.

③  하늘이 정해 준 짝을 찾아 가야에 왔어요.

④ 비류, 온조와 함께 고구려를 떠났어요.

3 이 글을 읽고 빈칸에 들어갈 알맞은 나라를 골라 보세요. (   )

자료
해석

> **파사 석탑**
>
> 경상남도 김해에 있는 파사 석탑은 허황옥이 [   ]에서 가야로 올 때 파도 신의 노여움을 잠재우기 위해 함께 싣고 온 석탑이라고 전해진다.

① 신라   ② 고구려   ③ 고조선   ④ 아유타국

▶ 정답과 풀이 7쪽

4 빈칸을 채우며, 이 글의 내용을 정리해 보세요.

내용
이해

> 가야의 신하들은 망산도에서 빨간 돛을 단 배를 발견했다. 그 배에는 아유타국의
>
> 공주 ㉠ ☐☐☐ 과 신하들이 타고 있었다.
>
> ㉡ ☐☐☐ 는 아유타국의 공주를 가야의 왕비로 맞이했다.

어휘 학습

5 낱말의 알맞은 뜻을 찾아 선으로 이어 보세요.

어휘
복습

(1) 금은보화 •   • ① 어떤 일을 애타게 부탁하다.

(2) 재촉하다 •   • ② 어떤 일을 빨리하도록 조르다.

(3) 간청하다 •   • ③ 금, 은, 옥, 진주 따위의 매우 귀중한 물건.

6 빈칸에 들어갈 알맞은 낱말을 보기 에서 찾아 문장을 완성해 보세요.

어휘
적용

| 보기 | 명령 | 왕비 | 인연 | 임시 |

(1) 지휘관의 _____에 따라 군인들은 운동장에 모였다.
　　　└ 윗사람이 아랫사람에게 무엇을 하게 함.

(2) 사람들이 많이 모인 광장에 화장실이 _____로 설치되었다.
　　　　　　└ 그때그때 필요에 따라 정한 것.

백제의 전성기를 이끈 근초고왕

어제는 내가 축구에서 두 골이나 넣었어! 지금이 나의 축구 전성기같아! 그런데 백제의 전성기를 이끈 왕은 누구였더라?

근초고왕이 백제를 다스리던 때, 고구려가 강한 군사력[1]을 앞세워 백제를 끊임없이 공격했어. 그럴 때마다 근초고왕은 고구려군을 물리쳤지. 근초고왕은 계속된 승리에도 안심하지 않고 또 언제 쳐들어올지 모르는 고구려의 공격에 대비했어.

"고구려는 앞으로도 백제에 쳐들어올 것이다. 몰래 우리 군사를 보내 고구려의 상황을 살피도록 하라!"

그러던 어느 날, 고구려에 보냈던 첩자[2]가 고구려군이 예성강을 건너 백제를 공격할 것이라는 편지를 보내왔어.

편지를 받은 근초고왕은 예성강에 군사를 숨겨 두고, 고구려군이 오기만을 기다렸지. 어느 캄캄한 밤, 고구려군은 예성강의 물길을 조용히 헤치며 백제로 향했어. 그때였어.

"공격하라!"

근초고왕의 명령이 강가에 우렁차게 울렸어. 그러자 백제군의 화살이 고구려군을 향해 벼락처럼 쏟아져 내렸지. 당황한 고구려군은 어찌할지 몰라 발만 동동 구르다 백제군에게 크게 당하고 말았어.

근초고왕은 이 기회를 놓치지 않고 고구려의 평양성까지 쳐들어갔어.

"다시는 고구려가 백제를 넘볼 수 없도록 혼쭐을 내 주자!"

근초고왕이 군사들을 이끌고 평양성으로 진격하자[3], 고구려의 고국원왕도 직접 군사를 이끌고 평양성에 와 백제군과 맞서 싸웠지.

평양성을 사이에 두고 두 나라 군대가 쏜 화살이 하늘을 가릴 정도로 빗발쳤어.

---

❶ **군사력** 전쟁을 할 수 있는 능력. ❷ **첩자** 한 나라의 중요한 비밀을 몰래 알아내어 상대편에 제공하는 사람. ❸ **진격하다** 적을 치기 위해 앞으로 나아가다.

"억!"

고국원왕이 백제군이 쏜 화살에 맞아 쓰러졌어.

"고구려 왕이 우리가 쏜 화살에 맞아 죽었습니다!"

"이제는 고구려가 감히 백제를 얕잡아 보지 못할 것이다. 돌아가자!"

근초고왕은 평양성에서 크게 승리를 거두고 돌아왔어. 이후 다른 나라와의 전쟁에서도 계속 승리하며 백제의 땅을 넓혀 나갔지. 근초고왕은 백제 역사상 가장 큰 ❹영토를 차지했어.

근초고왕은 나라를 발전시키기 위해 외국과도 활발히 ❺교류했어. 중국으로부터 앞선 ❻문물을 받아들여 나라의 문화와 기술을 발전시켰고, 일본에는 백제의 문물을 전해 주었지.

"무쇠를 백 번이나 두들겨 만든 칠지도를 왜왕에게 보내겠다. 이 성스러운 칼을 오래도록 전하여라."

이렇게 백제는 근초고왕 때 가장 넓은 영토를 차지하고, 여러 나라들과 교류하며 삼국 가운데 가장 먼저 ☆❼전성기를 맞았어.

 ☆근초고왕   ☆백제의 전성기

역사 사전

칠지도

철을 두드려서 만든 양날의 칼이야. 전체 길이는 74.9㎝이고 양쪽에 세 개씩 솟은 가지와 날을 합쳐 칠지도라고 해. 칼에는 백제가 왜왕에게 이 칼을 준다는 내용이 새겨져 있어.

---

❹ **영토** 한 나라의 통치권이 미치는 지역. ❺ **교류하다** 각자 다른 곳에 사는 사람들이 서로 물건이나 의견을 주고받다. ❻ **문물** 문화가 발전하면서 사람이 만들어 낸 학문, 예술, 기술과 같은 것을 이르는 말. ❼ **전성기** 힘이나 세력이 가장 클 때.

독해 학습

1

중심
내용

이 글을 읽고 다음 문장에 들어갈 알맞은 낱말을 골라 〇표 해 보세요.

> 근초고왕은 영토를 ⑦ (축소 / 확장)하고 주변 여러 나라들과 ⑥ (교류 / 단절)
> 하며 백제의 황금기를 만들어 냈다.

2

자료
해석

이 글을 읽고 밑줄 친 내용에 대한 까닭으로 알맞은 것을 골라 보세요. (　　　)

칠지도를 통해 백제가 다른 나라와 교류했음을 알 수 있습니다.

① 백제가 왜왕에게 보내줬기 때문이다.　② 백제가 신라의 왕에게 보내줬기 때문이다.

③ 백제가 고구려 왕에게 받았기 때문이다.　④ 백제의 귀족이 중국에서 가져왔기 때문이다.

3

지도
읽기

빈칸에 들어갈 알맞은 지역을 다음 지도에서 찾아 기호를 써 보세요.

> 백제의 근초고왕은 　　　　에서 고구려군과 전투
> 를 벌여 크게 승리를 거두었다.

4

내용
이해

이 글을 읽고 일이 일어난 순서대로 기호를 써 보세요.

| ⑦ 근초고왕이 평양성 전투에서 큰 승리를 거두고 위례성으로 돌아왔다. | ⑥ 근초고왕이 고구려의 평양성으로 쳐들어가 고국원왕과 맞서 싸웠다. | ⑥ 근초고왕은 예성강을 건너 쳐들어온 고구려군을 공격해 승리했다. |

(　　　) ➡ (　　　) ➡ (　　　)

▶ 정답과 풀이 7쪽

5 빈칸을 채우며, 이 글의 내용을 정리해 보세요.

핵심
정리

```
         백제의 전성기를 이끈 근초고왕
        ┌──────────────┴──────────────┐
```

영토 확장	다른 나라와 교류
고구려의 평양성까지 쳐들어가 ㉠ [　　　　] 을 죽이는 등 다른 나라와의 전쟁에서 계속 승리하며 백제의 땅을 크게 넓혔다.	중국으로부터 앞선 문물을 받아들이고, 일본에 백제의 문물을 전해 주었다. ㉡ [　　　] 는 백제의 대외 교류를 보여 주는 대표적인 유물이다.

어휘 학습

6 낱말의 알맞은 뜻을 찾아 선으로 이어 보세요.

어휘
복습

(1) 영토 •

(2) 문물 •

(3) 전성기 •

• ① 힘이나 세력이 가장 큰 때.

• ② 한 나라의 통치권이 미치는 지역.

• ③ 문화가 발전하면서 사람이 만들어 낸 학문, 예술, 기술과 같은 것을 이르는 말.

7 밑줄 친 낱말이 잘못 쓰인 문장을 골라 보세요. (　　　)

어휘
적용

① 독도는 우리나라의 영토이다.

② 그 군인은 다른 나라에서 몰래 온 첩자이다.

③ 적군은 우리 군의 공격이 거세지자 뒤로 진격했다.

④ 최근 많은 나라들이 군사력을 키우는 데 힘쓰고 있다.

광개토 대왕, 천하의 중심으로 우뚝 서다

광개토 대왕이 이끈 개마 무사는 천하무적이었을 거야! 그런데 내 옆에는 오지 않았으면 좋겠어, 히힛!

"나의 할아버지 고국원왕께서 백제군의 화살에 맞아 돌아가신 일을 기억하는가? 이제 백제에 복수할 때가 됐다! 백제를 물리쳐 고구려의 영광❶을 되찾자!"

신하들에게 명령하는 어린 왕의 눈빛이 번뜩였어. 신하들은 큰 목소리로 왕에게 충성을 맹세했지. 18살의 어린 나이가 믿어지지 않는 이 왕은 ✡광개토 대왕이야.

광개토 대왕이 태어났을 무렵 고구려는 주변 나라들의 잦은 침략❷에 시달리고 있었어.

'남쪽에서는 백제가 쳐들어오고, 북쪽에서는 후연이 우릴 노리고 있다. 어서 힘을 키워 저들의 땅을 모두 고구려의 영토로 만들 것이다.'

광개토 대왕은 굳게 다짐하고, 군사들을 열심히 훈련시켰어. 마침내 광개토 대왕은 고구려 병사들을 이끌고 백제로 쳐들어갔지.

"오늘만을 기다렸다! 고구려의 개마 무사여, 앞장서라!"

역사 사전

개마 무사
병사와 말이 모두 철 갑옷을 입었기 때문에 적군의 활, 칼, 창 공격에도 끄떡없었어. 심지어 신발에도 긴 쇠못을 박아 적군이 가까이 오지 못하게 했지.

앞으로 고구려를 잘 섬겨야 할 것이다!

항복, 항복합니다.

개마 무사는 갑옷과 투구❸로 무장한 병사를 말해. 타고 있는 말까지도 철갑을 둘러서 언뜻 보기만 해도 두려운 존재였지. 이들은 긴 창을 마구 휘두르며 백제의 여러 성을 정복했어.❹

"고구려의 개마 무사들을 도저히 이겨 낼 수가 없구나. 왕인 내가 직접 나서야겠다."

---

❶ **영광** 빛나고 아름다운 명예. ❷ **침략** 다른 나라에 쳐들어가 땅과 물건을 빼앗는 것. ❸ **투구** 전투를 할 때 머리를 보호하기 위해 쓰는 쇠로 만든 모자. ❹ **정복하다** 남의 나라나 다른 민족을 힘으로 쳐 복종시키다.

백제 왕은 직접 군사를 이끌고 맞서 싸웠어. 하지만 고구려군의 기세[5]를 꺾을 수는 없었지. 광개토 대왕은 백제의 수도 위례성까지 공격했어.

"고구려군이 위례성을 공격하고 있습니다."

"[6]항복만이 살 길입니다. 고구려에 항복하십시오."

"윽, 어쩔 수 없구나. 고구려에 항복하겠다."

마침내 성문이 열리고 백제 왕이 광개토 대왕 앞에 머리를 숙여 용서를 빌었어.

광개토 대왕은 백제의 땅 일부를 차지한 것에 만족하지 않았어. 이제 광개토 대왕의 눈은 북쪽에 있는 드넓은 만주 땅으로 향했지.

"이제 저 넓은 북쪽 땅에 고구려의 깃발을 꽂을 것이다!"

광개토 대왕은 개마 무사를 이끌고 북쪽으로 향했어. 광개토 대왕은 여러 부족[7]들을 물리치고 만주 지역을 차지했지. 또 후연과도 여러 차례 싸워 요동까지 차지했어.

"고구려의 영토가 북쪽으로 크게 넓어졌구나."

광개토 대왕은 동서남북으로 활발한 정복 활동을 펼치며 ☆고구려의 영토를 크게 넓혔어. 이제 고구려를 넘볼 수 있는 나라는 아무도 없게 되었지.

용선생 키워드 ☆광개토 대왕 ☆고구려의 영토 확장

역사 사전

요동
오늘날 중국 라오닝성의 동남부 일대를 말해.

---

[5] **기세** 세차게 뻗는 기운이나 힘. [6] **항복** 적의 힘에 눌리어 남의 명령이나 뜻을 따름. [7] **부족** 한 지역에서 생활하면서 같은 조상, 언어, 종교 등을 가진 공동체.

1

중심
내용

이 글의 중심 내용으로 알맞은 것은 무엇인가요?   (   )

① 고구려의 개마 무사

② 고구려 고국원왕의 죽음

③ 고구려의 영토를 크게 넓힌 광개토 대왕

④ 광개토 대왕 앞에서 고개를 숙인 백제 왕

2

추론

이 글의 광개토 대왕이 다음과 같이 말한다면 그 까닭은 무엇인가요?   (   )

백제에게 받은 모욕을 되갚아 줄 때가 왔다!
백제를 물리쳐 고구려의 영광을 되찾자!

① 백제 근초고왕이 중국·왜와 교류했기 때문이다.

② 비류가 미추홀로 떠나 나라를 세웠기 때문이다.

③ 고국원왕이 백제군의 화살을 맞고 죽었기 때문이다.

④ 온조가 고구려를 떠나 새로운 나라를 세웠기 때문이다.

3

내용
이해

이 글을 읽고 밑줄 친 '이것'은 무엇인지 써 보세요.

이것은 병사뿐만 아니라 타는 말까지 철갑옷을 입고 긴 창을 휘두르던 고구려 병사를 이르는 말이다.

4

인물
이해

이 글의 광개토 대왕에 대한 내용과 일치하면 O표, 일치하지 않으면 X표 해 보세요.

(1) 후연에게 요동을 빼앗겼다. (   )

(2) 신라를 공격해 신라 왕의 항복을 받아 냈다. (   )

(3) 여러 부족들을 물리치고 만주 땅을 차지했다. (   )

5 빈칸을 채우며, 이 글의 내용을 정리해 보세요.

핵심
정리

| 보기 | 경주 | 광개토 대왕 | 만주 | 주몽 |

ⓐ _____은 위례성을 공격해 백제 왕의 항복을 받아 냈다. 또 북쪽으로는 드넓은 ⓑ _____와 요동을 차지해 고구려의 영토를 크게 넓혔다.

어휘 학습

6 뜻풀이에 알맞은 낱말을 골라 ○표 해 보세요.

어휘
복습

(1) 적의 힘에 눌리어 남의 명령이나 뜻을 따름. ························· (항복 / 항의)

(2) 다른 나라에 쳐들어가 땅과 물건을 빼앗는 것. ····················· (전략 / 침략)

(3) 남의 나라나 다른 민족을 힘으로 쳐 복종시키다. ·············· (극복하다 / 정복하다)

7 밑줄 친 낱말의 알맞은 뜻을 골라 번호를 써 보세요.

어휘
적용

| 부족 | ① 필요한 양이나 기준에 미치지 못해 충분하지 않음.
예 민수는 수면 **부족**으로 눈이 빨개졌다.
② 한 지역에서 생활하면서 같은 조상, 언어, 종교 등을 가진 공동체.
예 **부족** 간 갈등으로 전쟁이 일어나, 많은 사람들이 목숨을 잃었다. |

(1) 많은 나라들이 물 부족으로 고통을 겪고 있다. (   )

(2) 아프리카 부족들은 저마다 고유한 문화를 가지고 있다. (   )

14

장수왕이 어떻게 백제의 수도를 차지할 수 있었는지 비밀을 알려 줄까?

장수왕, 꾀로 한강을 차지하다!

광개토 대왕이 죽자 그의 아들 ✠장수왕이 고구려의 왕이 되었어. 장수왕은 고구려의 수도를 국내성에서 ✠평양으로 천도하며❶ 남쪽으로 땅을 넓혀 나갔지. 고구려가 남쪽으로 수도를 옮기자 백제는 더욱 불안해졌어.

"폐하, 백제가 중국에 사신을❷ 보내 고구려를 칠 군사를 보내 달라고 요청했다 합니다."

"뭐야? 백제 이놈들을 당장!"

장수왕이 화가 나 의자를 주먹으로 내리쳤어. 그러자 도림이란 스님이 장수왕 앞에 나섰지.

"폐하, 백제의 개로왕이 바둑을 좋아한다고 하니 저를 첩자로 보내 주십시오. 제 바둑 솜씨로❸ 개로왕의 마음을 사로잡아 백제를 혼란스럽게 만들겠습니다."

"좋다! 그대만 믿겠다."

백제에 간 도림은 얼마 지나지 않아 바둑을 두며 개로왕과 친해졌어.

"하하. 내가 졌군요. 나도 바둑으로는 져 본 적이 없는 사람인데 스님과 두는 바둑은 항상 어렵습니다."

"부족한 저라도 괜찮으시다면 곁에서 바둑을 알려 드려도 될까요?"

"좋소. 한 수 배워 봅시다!"

그러던 어느 날, 도림은 바둑을 두다 말고 개로왕에게 말했어.

"폐하, 백제를 보아하니 왕의 강한 힘에 비해 궁궐과 성곽이❹ 너무 낡고

역사 사전

평양
고구려는 장수왕 때 압록강 근처의 국내성에서 대동강 근처의 평양으로 수도를 옮겼어.

---

❶ **천도하다** 수도를 옮기다. ❷ **사신** 임금의 명령을 받고 다른 나라에 가는 신하. ❸ **솜씨** 손으로 무엇을 만들거나 어떤 일을 하는 재주. ❹ **성곽** 도시나 마을을 지키기 위해 만든 담.

형편없습니다. 궁궐과 성곽을 화려하게 고쳐 전하의 ^⑥위엄을 주변 나라에 알리는 것이 어떻습니까?"

"흠……, 듣고 보니 그대의 말이 맞소. 백성들을 모아 궁궐과 성곽을 고치겠소."

개로왕은 궁궐과 성곽을 화려하게 고쳤어. 그러는 사이에 백성들은 매일 공사 현장에 불려 나가 농사도 짓지 못해 곡식을 쌓아 둔 창고는 텅텅 비게 되었지.

도림은 자신의 계획대로 백제의 힘이 약해지자 고구려로 돌아갔어.

"폐하, 백제는 개로왕이 무리한 공사를 벌인 탓에 힘이 많이 약해져 있습니다."

"그동안 수고했다! 군사를 일으켜 백제를 치자."

장수왕은 기다렸다는 듯이 고구려군을 이끌고 백제를 공격해 위례성을 ^⑦에워쌌어. 개로왕은 도망쳤지만 결국 붙잡혀 목숨을 잃었지. 백제의 수도인 ✵위례성을 차지한 장수왕은 계속해서 땅을 넓혔어. 고구려는 남쪽의 한강 너머까지 차지하며 더욱 넓은 영토를 가지게 되었지.

여기가 다~ 고구려 땅이지!

국내성
고구려
평양
위례성
웅진
백제
가야
신라
금성

용선생 키워드   ✵장수왕   ✵평양 천도   ✵위례성 차지

---

⑤ **형편없다** 상태가 매우 좋지 못하다. ⑥ **위엄** 엄하면서도 점잖고 의젓한 태도. ⑦ **에워싸다** 둘레를 빙 둘러싸다.

1

중심
내용

이 글의 중심 내용을 바르게 말한 사람을 찾아 ○표 해 보세요.

㉠ 바둑 실력이
뛰어난 도림

㉡ 백제의 수도 위례
성을 차지한 장수왕

㉢ 궁궐을 화려하게
고친 개로왕

2

내용
이해

이 글을 읽고 다음 문장에 들어갈 알맞은 낱말을 골라 ○표 해 보세요.

(1) 장수왕은 고구려의 수도를 (졸본 / 평양)으로 옮겼다.

(2) 첩자 도림은 (바둑 / 음식)으로 백제 왕의 마음을 사로잡았다.

(3) 장수왕은 백제의 수도 (금성 / 위례성)을 차지하고 영토를 크게 넓혔다.

3

내용
이해

이 글의 도림이 다음과 같은 작전을 실행한 까닭은 무엇인가요? (   )

> 전하, 백제의 개로왕이 궁궐과 성곽을 화려하게 고치도록
> 꾀어내겠습니다. 언제든 군대를 동원할 수 있도록 준비하십시오.

① 장수왕이 화려한 궁궐을 좋아해서

② 바둑을 두면서 보는 풍경이 멋있어서

③ 궁궐을 고치는 사람에게 돈을 받기로 해서

④ 무리한 공사로 백제의 힘이 약해질 것이어서

4

인물
이해

이 글의 장수왕에 대한 설명으로 알맞은 것은 무엇인가요? (   )

① 백제에 도림을 첩자로 보냈다.

② 일본에 칠지도를 선물로 보냈다.

③ 후연을 공격해 요동 지역을 차지했다.

④ 알영을 왕비로 맞이하고 경주에 나라를 세웠다.

5 빈칸을 채우며, 이 글의 내용을 정리해 보세요.

핵심
정리

> 고구려의 ⑦ [ ][ ][ ] 은 수도를 평양으로 옮기고
> 백제에 도림을 첩자로 보냈다.

⬇

> 도림은 개로왕을 꾀어내어 백제를 혼란스럽게 만들었다.

⬇

> 고구려는 백제를 공격해 백제의 수도인 ⓒ [ ][ ][ ] 을 차지하고,
> 남쪽의 한강 너머까지 차지했다.

어휘 학습

6 낱말의 알맞은 뜻을 찾아 선으로 이어 보세요.

어휘
복습

(1) 사신 ● ● ① 수도를 옮기다.

(2) 위엄 ● ● ② 엄하면서도 점잖고 의젓한 태도.

(3) 천도하다 ● ● ③ 임금의 명령을 받고 다른 나라에 가는 신하.

7 빈칸에 들어갈 알맞은 낱말을 보기 에서 찾아 문장을 완성해 보세요.

어휘
적용

보기   성곽   솜씨   천도   형편

(1) 백제는 수도 위례성을 빼앗기고는 웅진으로 _____했다.
　　　　　　　　　　　　　　　└ 수도를 옮김.

(2) 백성들은 적군의 침입을 막기 위해 _____을 튼튼하게 쌓았다.
　　　　　　　　　　　　　└ 도시나 마을을 지키기 위해 만든 담.

15

백제여, 다시 일어나라! 무령왕

무령왕의 아들 성왕은 아버지를 기리며 화려한 무덤을 만들었어. 무령왕릉 안에는 무엇이 있을까?

백제는 고구려에게 수도를 빼앗기면서 큰 위기에 빠졌어. 수도를 웅진으로 옮긴 뒤에도 혼란은 여전했지. ☆무령왕은 지방부터 안정시켜야 백제를 다시 일으켜 세울 수 있다고 생각했어.

"전국의 22개 지역에 왕족들을 보내 직접 다스리도록 하라!"

무령왕의 명령에 왕자와 왕족들이 지방관이 되어 전국 곳곳에 배치되었어. 그러자 지방에서 권력을 마구 휘두르던 귀족들의 힘이 약해지고 나라는 점차 안정되었지. 하지만 무령왕이 해결해야 할 과제는 귀족들의 문제만 있는 게 아니었어.

"가뭄과 홍수 때문에 집과 땅을 잃고 떠돌아다니는 백성이 많습니다. 굶주림을 못 이겨 도적이 된 백성들도 있다고 합니다."

무령왕은 백성들이 더 이상 굶주리지 않는 방법도 고민했어. 무령왕은 고민 끝에 거대한 저수지를 만들어 백성들이 가뭄이나 홍수에 피해를 입지 않도록 했고, 새로운 농사법도 널리 퍼뜨려 더 많은 곡식을 수확할 수 있도록 도왔어. 그러자 백성들의 생활도 안정을 되찾았지.

나라를 안정시킨 무령왕은 고구려에게 빼앗긴 한강 유역을 되찾으려고 했어. 자신이 직접 군사를 이끌고 고구려와 싸워 승리하기도 했지.

"빼앗긴 땅의 일부를 되찾긴 했지만 그래도 부족하오. 백제의 힘만으로 고구려와 싸워 이기긴 어려우니 어찌하면 좋겠소?"

"외국과 교류를 늘려 고구려를 견제하면 어떻겠습니까?"

"좋은 생각이오. 중국 양나라에 사신을 보내도록 합시다."

역사 사전

웅진

웅진은 백제의 두 번째 수도로 오늘날의 충청남도 공주야. 백제의 문주왕은 고구려 장수왕에게 위례성을 빼앗기자 이곳으로 수도를 옮겼어.

---

❶ **지방관** 왕의 명령을 받아 지역을 다스리던 관리. ❷ **귀족** 신분이 높아 사회적으로 특별한 권리를 가진 사람. ❸ **도적** 남의 물건을 훔치거나 빼앗는 사람. ❹ **저수지** 강이나 골짜기를 막아서 물을 모아 둔 곳. ❺ **견제하다** 상대방이 마음대로 하지 못하게 방해하다.

무령왕은 중국 남쪽의 양나라와 일본과의 외교에도[6] 노력을 기울였어.[7] 뿐만 아니라 외국의 기술과 문물을 적극적으로 받아들였지.

백제를 다시 일으키기 위해 노력한 무령왕도 결국 나이가 들어 세상을 떠났어. 무령왕의 아들인 성왕은 아버지가 살아 계신 동안 받아들인 외국의 기술과 값비싼 물건들로 ※무령왕릉을[8] 만들었어.

"무덤은 중국 양나라의 무덤처럼 벽돌로 튼튼히 쌓아라. 그리고 아버지께서 누우실 관은 일본에서 가져온 최고급 소나무로 만들어라."

이때 만들어진 무령왕릉 덕분에 우리는 백제의 화려한 문화와 기술을 엿볼 수 있어.

아버지의 무덤은 중국 양나라와 일본에서 수입한 최고로 좋은 물건들로 채웠지!

용선생 키워드   ※무령왕   ※무령왕릉

---

[6] **외교** 다른 나라와 정치적, 경제적, 문화적 관계를 맺는 일. [7] **기울이다** 정성이나 노력을 한 곳으로 모으다. [8] **왕릉** 임금의 무덤.

1

중심
내용

이 글을 읽고 다음 문장에 들어갈 알맞은 낱말을 골라 ◯표 해 보세요.

> 백제가 고구려에 수도를 빼앗기고 위기에 빠지자 (개로왕 / 무령왕)은 지방에 왕족을 보내 직접 다스리게 하고, 농업을 발전시켜 나라를 안정시켰다.

2

내용
이해

이 글을 읽고 빈칸에 들어갈 알맞은 낱말을 보기 에서 찾아 써 보세요.

| 보기 | 노비 | 왕족 | 외교 | 저수지 | 칠지도 |

(1) 무령왕은 나라를 안정시키기 위해 지방에 _____들을 파견했다.

(2) 무령왕은 _____를 만들어 가뭄이나 홍수에 대비할 수 있게 했다.

(3) 무령왕은 주변 나라들과의 _____를 통해 고구려를 견제했다.

3

자료
해석

다음 「양직공도」를 통해 알 수 있는 사실로 알맞지 않은 것은 무엇인가요? (   )

「양직공도」는 중국 양나라를 방문한 백제와 일본, 페르시아 등 외국의 사신들의 모습을 그린 그림이다. 「양직공도」에는 무령왕 대의 상황을 기록하고 있어 당시 백제의 사정을 이해하는 데 귀중한 자료가 된다.

① 백제는 페르시아와 싸워서 이겼다.   ② 「양직공도」에 백제 사신이 그려져 있다.

③ 백제는 중국의 양나라와 교류했다.   ④ 무령왕 대의 백제의 모습을 알 수 있다.

4

내용
이해

이 글의 무령왕릉에 대한 설명으로 알맞은 것은 무엇인가요? (   )

① 무령왕이 죽기 전에 미리 만들어 두었다.

② 고구려에게 한강 지역을 빼앗겼을 때 파괴되었다.

③ 백제가 외국과 활발히 교류했다는 것을 알 수 있다.

④ 일본의 벽돌로 벽을 쌓고 양나라의 소나무로 관을 만들었다.

5
핵심
정리

빈칸을 채우며, 이 글의 내용을 정리해 보세요.

백제 ⊙ [ ][ ][ ] 이 한 일	
정치	왕족들을 지방관으로 파견해 나라를 안정시켰다.
경제	저수지를 만들고 새로운 농사법을 퍼뜨려 더 많은 곡식을 수확하게 했다.
외교	중국의 ⓒ [ ] 나라, 일본과 교류하며 고구려를 견제하고 외국의 기술과 문물을 받아들였다.

어휘 학습

6
어휘
복습

뜻풀이에 알맞은 낱말을 골라 ○표 해 보세요.

(1) 왕의 명령을 받아 지역을 다스리던 관리. ····························· (경찰관 / **지방관**)

(2) 신분이 높아 사회적으로 특별한 권리를 가진 사람. ······················ (**귀족** / 농민)

(3) 다른 나라와 정치적, 경제적, 문화적 관계를 맺는 일. ····················· (**외교** / 통치)

7
어휘
적용

보기 에서 알맞은 낱말을 찾아 밑줄 친 말을 바꾸어 써 보세요.

보기	견제	도적	왕릉	저수지

(1) 나무꾼은 산속에서 <u>남의 물건을 빼앗는 사람</u>에게 가진 돈을 모두 빼앗겼다.

➡ 나무꾼은 산속에서 ( )에게 가진 돈을 모두 빼앗겼다.

(2) 극심한 가뭄 탓에 <u>강이나 골짜기를 막아서 물을 모아 둔 곳</u>이 바닥을 드러냈다.

➡ 극심한 가뭄 탓에 ( )가 바닥을 드러냈다.

각각의 빈칸에 들어갈 키워드를 아래 글자판에서 찾아 색칠하고, 숨겨진 비밀 숫자를 알아내 보세요.

❶ 가야의 왕 김수로는 아유타국의 공주 ○○○과 결혼했어.

❷ 근초고왕은 고구려의 ○○성으로 쳐들어가 고국원왕을 죽였지.

❸ 광개토 대왕은 위례성을 공격해 ○○ 왕의 항복을 받아 냈어.

❹ 고구려의 장수왕은 백제의 수도인 위례성을 차지하고 남쪽의 ○강 너머까지 땅을 넓혔어.

❺ 고구려에게 수도 위례성을 잃은 백제는 수도를 ○○으로 옮겼지.

❻ 무령왕은 중국 남쪽의 양나라와 일본에 사신을 보내며 ○○에 노력을 기울였어.
    └ 다른 나라와 정치적, 경제적, 문화적 관계를 맺는 일.┘

❼ 광개토 대왕은 북쪽으로 땅을 넓혀 ○○와 요동 지역을 차지했지.

❽ 백제는 근초고왕 때 가장 큰 영토를 차지하고, 여러 나라들과 교류하며 삼국 가운데 가장 먼저 ○○○를 맞았어.
    └ 힘이나 세력이 가장 큰 때.

전	백	허	황	옥	신
쟁	제	혁	거	세	라
가	만	전	성	기	국
야	주	사	졸	평	내
사	한	치	본	양	알
비	외	교	웅	진	영

▶비밀 숫자는 바로 _____!

4주

고구려, 백제, 신라 모두가 한강 유역을 노리고 있어.
한강 유역은 누가 차지하게 되었을까?

512년
이사부,
우산국 정복

527년
이차돈 순교

553년
신라,
한강 유역 차지

회차	학습 내용	핵심 키워드	교과 연계	학습 계획일
16	우산국을 정복한 신라 장군 **이사부**	✪ 이사부 ✪ 우산국 정복	【사회 5-2】 1. 옛사람들의 삶과 문화 ① 나라의 등장과 발전	월 일
17	**이차돈,** 불교를 전하려 목숨을 내놓다!	✪ 이차돈 ✪ 법흥왕 ✪ 불교	【사회 5-2】 1. 옛사람들의 삶과 문화 ① 나라의 등장과 발전	월 일
18	**진흥왕,** 한강 유역을 마지막으로 차지하다!	✪ 진흥왕 ✪ 신라의 전성기 ✪ 순수비	【사회 5-2】 1. 옛사람들의 삶과 문화 ① 나라의 등장과 발전	월 일
19	**화랑,** 신라는 우리가 지킨다!	✪ 화랑도 ✪ 원광 법사 ✪ 세속 오계	【사회 5-2】 1. 옛사람들의 삶과 문화 ① 나라의 등장과 발전	월 일
20	**바보 온달,** 고구려를 지키다!	✪ 온달	【사회 5-2】 1. 옛사람들의 삶과 문화 ① 나라의 등장과 발전	월 일
역사 놀이터		가로세로 키워드 찾기!		

16

우산국을 정복한 신라 장군 이사부

이사부의 작전이 성공했네! 이사부가 정복한 동해의 섬나라 이름은 무엇이었을까?

역사 사전

우산국
삼국 시대에 울릉도에 있었던 나라야. 울릉도는 동해에 있는 섬이지.

우산국 사람들은 종종 신라 땅에 쳐들어와 신라 사람들을 못살게 굴었어. 그러자 신라의 지증왕은 ☆이사부 장군에게 ☆우산국을 정복하라고 명령했어.

왕의 명령을 받은 이사부는 큰 고민에 빠졌어.

'우산국 사람들은 사납고 용맹하기가❶ 이를 데 없어. 게다가 싸우다 숲으로 숨어 버리면 지형이❷ 험해 찾기도 힘들지. 어떻게 하면 우산국을 쉽게 정복할 수 있을까?'

그때 이사부 장군에게 좋은 꾀가 생각났어.

"그래, 섬사람들이 한 번도 보지 못한 동물로 그들을 위협한다면❸ 분명 효과가 있을 거야!"

이사부 장군은 병사들을❹ 시켜 거대한 나무 사자를 만들기 시작했어. 사자의 갈기는❺ 커다랗고 무시무시하게 만들고, 이빨도 날카롭게 갈아 언뜻 보기만 해도 겁이 날 정도였지.

"나무 사자를 배에 실어라. 우산국을 정복하러 갈 것이다!"

이사부 장군이 탄 배가 우산국에 다다르자 우산국 병사들이 모여들었어. 이사부는 우산국의 병사들을 향해 큰소리로 외쳤지.

헉, 저게 뭐야?

무서워! 항복해야겠어!

---

❶ **용맹하다** 용감하고 사납다. ❷ **지형** 땅의 생긴 모양. ❸ **위협하다** 힘으로 협박하다. ❹ **병사** 옛날에 군인이나 군대를 이르던 말. ❺ **갈기** 말이나 사자의 목덜미에 난 긴 털.

"항복하지 않으면 이 ⑥맹수를 풀어 너희를 죽이겠다!"

"저게 뭐야! 저 짐승이 풀려나면 우리 모두

죽게 될 거야!"

"으악, 섬이라 도망칠 수도 없잖아!"

이사부가 위협하자 우산국 사람들은

부들부들 떨면서 항복했어. 신라는

이사부 장군의 꾀 덕분에 피를 흘리지

않고 우산국을 정복할 수 있었어. 지금

의 울릉도가 이때 신라의 땅이 된 거야.

이사부 장군은 우산국을 정복한 뒤에도 무려 50년 동안이나 ⑦전쟁터를

⑧누볐어. 남쪽의 가야를 공격해 낙동강 유역의 땅도 신라의 땅으로 만들

었지.

그렇게 이사부 장군은 동에 번쩍, 서에 번쩍 나타나 신라의 영토를 넓히

는 데 큰 공을 세웠어.

 용선생 키워드 　✷이사부 　✷우산국 정복

⑥ **맹수** 성질이 몹시 사나운 짐승. ⑦ **전쟁터** 싸움을 치르는 장소. ⑧ **누비다** 이리저리 거리낌 없이 다니다.

1 이 글의 중심 내용으로 알맞은 것은 무엇인가요? (   )

중심
내용

① 가야를 정복한 이사부   ② 사자를 본 적 없는 우산국 사람들

③ 신라에 쳐들어온 우산국 사람들   ④ 나무 사자로 우산국을 정복한 이사부

2 이 글의 내용과 일치하는 것은 무엇인가요? (   )

내용
이해

① 우산국은 오늘날 제주도에 있던 나라이다.

② 신라는 피 흘리지 않고 우산국을 차지할 수 있었다.

③ 우산국 사람들은 이사부의 공격에 끝까지 저항했다.

④ 신라의 지증왕은 우산국을 끝까지 잘 대우해 주었다.

3 다음 이사부의 사건 노트를 읽고 문장에 들어갈 알맞은 낱말을 골라 ○표 해 보세요.

내용
적용

- 사건명: 우산국 정복
- 사건 내용: 신라 (1) (**무왕** / **지증왕**) 때 이사부가 왕의 명령을 받아 우산국을 정복하기로 함. 우산국은 사람들이 사납고 용맹한 데다 (2) (**땅이 평평해** / **지형이 험해**) 공격하기가 어려웠음. 그래서 섬사람들이 한 번도 보지 못한 사자를 나무로 만들어 겁주기로 함.
- 사건 결과: 우산국 사람들이 나무 사자를 보고 (3) (**목숨 바쳐 싸움** / **두려워하며 항복함**).

4 이 글을 읽고 내용을 <u>잘못</u> 이해한 친구를 찾아 이름을 써 보세요.

추론

수재: 이사부가 활약하는 동안 신라의 영토는 꽤 넓어졌을 거야.

영심: 우산국 사람들과 신라 사람들은 처음부터 사이가 좋았던 것 같아.

두기: 이사부가 꾀로써 우산국을 정복한 걸 보니 지혜로운 장군이었을 거야.

5 빈칸을 채우며, 이 글의 내용을 정리해 보세요.

핵심
정리

| 보기 | 가야 | 당나라 | 박혁거세 | 우산국 | 이사부 |

신라 지증왕 때, ㉠ _____ 장군은 나무 사자를 만들어 피를 흘리지

않고 ㉡ _____을 정복했다. 이후에도 그는 가야를 공격해 낙동강 유

역을 차지하는 등 50년 동안이나 전쟁터를 누비며 신라의 영토를 크게 넓혔다.

어휘 학습

6 낱말의 알맞은 뜻을 찾아 선으로 이어 보세요.

어휘
복습

(1) 지형 • • ① 땅의 생긴 모양.

(2) 전쟁터 • • ② 용감하고 사납다.

(3) 용맹하다 • • ③ 싸움을 치르는 장소.

7 다음 낱말과 비슷한 뜻을 가진 낱말을 보기 에서 골라 써 보세요.

어휘
적용

| 보기 | 갈기 | 맹수 | 병사 | 지형 |

군사: 옛날에 군인이나 군대를 이르던 말.

이차돈,
불교를 전하려 목숨을 내놓다!

> 법흥왕이 불교를 널리 퍼뜨릴 방법을 고민하자, 젊은 신하 이차돈은 큰 결심을 했어. 어떤 결심이었을까?

신라의 [☆]법흥왕은 [☆]불교를 먼저 받아들인 고구려와 백제를 보고 생각에 잠겼어.

'백성들이 불교를 믿으니 왕의 말을 부처의 말처럼 여기고 잘 따르는구나. 신라도 불교를 받아들인다면 백성들이 왕을 중심으로 똘똘 뭉쳐 크게 발전할 수 있을 것이다.'

하지만 신라의 귀족들은 불교를 퍼뜨리는 일에 반대했어. 귀족들은 제각기 바위의 신이나 나무의 신과 같이 저마다 믿는 신들에게 제사를 지내면서 힘을 키우고 있었거든.

"어떻게 하면 귀족들이 불교를 받아들이도록 할 수 있을까?"

고민에 빠진 법흥왕에게 젊은 신하 [☆]이차돈이 다가와 말했어.

"전하, 제게 귀족들의 반대를 물리칠 방법이 있습니다."

이차돈은 법흥왕 가까이에서 일을 돕는 신하였어. 그는 목소리를 낮추고 법흥왕에게 자신의 계획을 말했지.

"제가 신성한❷ 나무를 베어 내고 그곳에 설을 지으려 하면 분명 귀족들이 반발할❸ 것입니다. 그러면 왕의 명령을 거짓으로 꾸며 낸 죄로 제 목을 베십시오. 그래야 귀족들도 왕을 무서워하며 더 이상 반대하지 않을 것입니다."

이차돈의 말에 법흥왕은 소스라치게❹ 놀랐어.

"내 뜻을 이루고자 죄 없는 그대를 죽일 순 없다!"

"제 목숨을 버려야 부처님과 전하의 뜻을 펼 수 있을 것입니다."

법흥왕은 이차돈의 계획을 반대했지만, 이차돈의 끈질긴 요청에 결국 그

---

❶ **제사** 신이나 조상에게 정성을 나타내는 의식. ❷ **신성하다** 함부로 가까이 할 수 없을 만큼 뜻이 매우 높고 위대하다. ❸ **반발하다** 남이 하는 일에 거스르거나 반대하다. ❹ **소스라치다** 깜짝 놀라 몸을 떨다.

의 말을 따르기로 했어.

며칠 뒤, 성난 귀족들이 법흥왕을 찾아왔어.

"이차돈이 신성한 나무를 베어 내며 말하길, 전하께서 절을 지으라 하셨다고 합니다. 어찌 된 일입니까?"

"감히 왕을 추궁하는가? 난 그런 명령을 내린 적이 없다!"

법흥왕은 큰 목소리로 화를 내며 이차돈을 잡아 오라고 했어. 그러고는 계획대로 이차돈에게 죄를 물었지.

"여봐라! 거짓으로 왕의 명령을 꾸며 낸 이차돈의 목을 베어라!"

이차돈은 순순히 무릎을 꿇고 목을 내밀었어. 지켜보던 귀족들도 왕이 무섭게 명령을 내리자 온몸을 벌벌 떨었지. 이차돈은 사람들을 향해 말했어.

"만일 부처님의 신비한 힘이 있다면, 제가 죽는 순간 놀라운 일이 일어날 것입니다."

이차돈의 머리가 바닥에 떨어지자 귀족들은 깜짝 놀랐어. 이차돈의 목에서는 우유처럼 흰 피가 치솟고 하늘에선 꽃비가 내렸기 때문이야.

"어찌 사람 몸에서 하얀 피가 나온단 말인가?"

"아이고, 부처님!"

법흥왕의 매서운 명령과 이차돈의 기적을 지켜 본 귀족들은 더 이상 불교를 반대할 수 없었어. 비로소 신라에도 불교가 널리 퍼질 수 있었지.

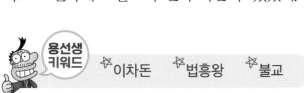
저것이 무엇인가?

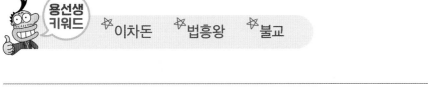
흰 피가 솟구치다니!

용선생 키워드 ✧이차돈 ✧법흥왕 ✧불교

---

❺ 추궁하다 잘못한 일에 대해 엄하게 따져서 밝히다. ❻ 매섭다 다른 사람이 겁을 낼 만큼 쌀쌀맞고 날카롭다. ❼ 기적 일어날 것이라고 생각하지 못했던 놀라운 일.

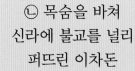

1 이 글의 중심 내용을 바르게 말한 사람을 찾아 ○표 해 보세요.

중심
내용

 ㉠ 불교를 받아들인 고구려와 백제

 ㉡ 목숨을 바쳐 신라에 불교를 널리 퍼뜨린 이차돈

 ㉢ 불교를 퍼뜨리는 일에 반대한 귀족들

2 이 글을 읽고 다음 문장에 들어갈 알맞은 낱말을 골라 ○표 해 보세요.

내용
이해

(1) 법흥왕은 (불교 / 유교)를 퍼뜨려 신라를 발전시키려고 했다.

(2) 귀족들은 (각자의 / 똑같은) 신을 믿으며 힘을 키워 나가고 있었다.

(3) 이차돈의 목이 떨어지자 목에서는 (파란 / 하얀) 피가 치솟았다.

3 다음 기자의 질문에 대한 법흥왕의 대답으로 알맞은 것은 무엇인가요? (   )

내용
적용

 불교에 반대하는 귀족들의 목소리가 무척 높습니다. 왕께서 불교를 받아들이려는 까닭은 무엇입니까?

① 커다란 절을 지어 돈을 벌 수 있기 때문이오.

② 스님들을 군사로 훈련시켜 나라를 지킬 수 있기 때문이오.

③ 귀족들의 재산을 빼앗아 백성을 위해 쓸 수 있기 때문이오.

④ 백성들이 왕의 말을 잘 따라 나라가 발전할 것이기 때문이오.

4 이 글의 이차돈에 대한 설명으로 알맞은 것은 무엇인가요? (   )

인물
이해

① 나무 사자를 이용해 우산국을 정복했다.

② 자신의 목숨을 희생해서 신라에 불교를 퍼뜨렸다.

③ 주몽의 아들로 남쪽으로 내려가 위례성에 백제를 세웠다.

④ 고구려의 수도를 평양으로 옮기고 한강 아래까지 영토를 넓혔다.

5

핵심
정리

빈칸을 채우며, 이 글의 내용을 정리해 보세요.

신라의 법흥왕은 ㉠ [   ] 를 받아들이려고 했다.

⬇

그러나 자신들의 힘이 약해질 것을 걱정한 귀족들의 반대에 부딪혀
뜻을 이루지 못하고 있었다.

⬇

결국 ㉡ [   ] 이 자신의 목숨을 희생하면서

신라에도 불교가 널리 퍼지게 되었다.

어휘 학습

6

어휘
복습

뜻풀이에 알맞은 낱말을 골라 ◯표 해 보세요.

(1) 남이 하는 일에 거스르거나 반대하다. ························· (**반발하다** / **반복하다**)

(2) 신이나 조상에게 정성을 나타내는 의식. ························· (**인사** / **제사**)

(3) 잘못한 일에 대해 엄하게 따져서 밝히다. ················· (**위협하다** / **추궁하다**)

7

어휘
적용

밑줄 친 낱말의 알맞은 뜻을 골라 번호를 써 보세요.

기적	① 일어날 것이라고 생각하지 못했던 놀라운 일. 예 어머니는 새벽마다 기도하며 **기적**이 일어나길 바랐다. ② 기차나 배에서 신호 삼아 내는 커다란 소리. 예 5시가 되자 기차는 **기적**을 울리며 출발했다.

(1) 그렇게 거센 물살에서 헤엄쳐 나오다니 기적이다.   (   )

(2) '부부~' 기적 소리와 함께 항구에서 배가 출발했다.   (   )

진흥왕, 한강 유역을 마지막으로 차지하다!

저기 봐, 백제 성왕이 신라 진흥왕에게 화가 많이 난 것 같아. 이들 사이에 무슨 일이 있었던 걸까?

백제는 오래전 고구려에 빼앗긴 한강 유역을 되찾고자 하오. 신라의 진흥왕이여. 우리와 함께 싸우는 것이 어떻겠소?

백제에서 온 편지를 읽은 ☆진흥왕과 신하들은 깊은 생각에 잠겼어. 백제의 성왕이 신라에게 함께 힘을 모아 고구려를 치자고 제안한 거야. 오랜 침묵 끝에 진흥왕이 입을 뗐지.

"신라의 힘을 세상에 보여 줄 때가 왔다. 백제를 도와 고구려와 싸우자!"

힘을 합친 신라와 백제는 고구려와 싸워 한강 유역을 차지했어. 그리고 한강의 상류❶는 신라가, 하류❷는 백제가 나눠 가졌지. 하지만 진흥왕은 한강 상류를 차지한 것만으로는 만족할 수 없었어.

'그동안 신라는 동쪽에 위치해 중국으로 가는 길이 막혀 앞선 문물을 받아들이기 힘들었다. 하지만 우리가 한강 하류까지 차지한다면 서해❸를 거쳐 중국과 직접 교류할 수 있으니 나라를 크게 발전시킬 수 있을 거야. 그래, 백제를 치자!'

마침내 진흥왕은 군사를 일으켜 백제가 차지한 한강 하류 지역마저 빼앗아 버렸어. 그러자 백제의 성왕은 매우 화가 났지.

"신라, 이 배신자❹! 가만두지 않겠다!"

백제는 대가야와 왜의 도움을 받아 신라의 관산성을 공격했어. 관산성은 백제군이 신라 수도로 쳐들어갈 때 거쳐야 하는 중요한 성이었지. 신라가 위기에 처하자 진흥왕은 군사들을 모아 말했어.

역사 사전

관산성

충청북도 옥천에 위치한 성이야. 백제는 신라에 한강 하류를 빼앗기자 이곳으로 쳐들어왔어.

■ 진흥왕 이전의 영토
■ 진흥왕 때의 영토

고구려

신라

사비성 · 관산성

백제 대가야

---

❶ **상류** 강이나 냇물이 흘러내려 오는 위쪽 부분. ❷ **하류** 강이나 냇물이 흘러내려 오는 아래쪽 부분. ❸ **서해** 서쪽에 있는 바다. ❹ **배신자** 믿음이나 의리를 저버린 사람.

"이번 전쟁은 신라의 운명을 건 싸움이다. 군사들이여, 목숨을 아까워하지 말고 용감하게 맞서 싸워라!"

진흥왕의 서릿발 선❺ 외침에 군사들 역시 우렁찬 함성❻으로 답했어. 이에 질세라 백제의 성왕도 직접 군사를 이끌고 관산성으로 향했지. 그때였어! 관산성 골목에 숨어 있던 신라군이 뛰어나와 성왕이 길을 가로막았어.

"백제 왕은 내 칼을 받아라!"

신라군은 성왕을 칼로 베어 죽였어. 왕이 죽자 백제 병사들의 사기❼는 땅에 떨어졌지. 신라군은 이때를 틈타 백제를 공격해 큰 승리를 거두었어.

진흥왕은 관산성 전투 이후에도 대가야 등 주변 나라들을 정복하며 영토를 넓혀 나갔어. 진흥왕 때 ☆신라는 전성기를 맞았지.

진흥왕은 새로 얻은 영토를 돌아다니며 그곳에 신라의 영토임을 확인하는 ☆순수비를 세웠어. '순수'는 왕이 나라 안을 두루 보살피며 돌아다니는 걸 말해. 순수비는 그것을 기념하기 위해 세운 비석이지. 진흥왕의 순수비는 신라 역사상 가장 넓은 영토에 걸쳐 세워졌어.

용선생 키워드　　☆진흥왕　　☆신라의 전성기　　☆순수비

---

❺ **서릿발이 서다** 기세가 당당하고 매섭다. ❻ **함성** 여러 사람이 함께 외치거나 지르는 소리. ❼ **사기** 자신감이 가득해 굽힐 줄 모르는 기운.

1 다음의 열쇠를 보고 십자말풀이를 풀어 보세요.

중심
내용

세로 열쇠 ① 백제의 왕으로 관산성 전투에서 죽음을 맞이했다.

가로 열쇠 ② 신라의 왕으로 한강 유역을 차지해 신라의 전성
기를 이루었다.

2 이 글의 내용과 일치하면 ○표, 일치하지 않으면 X표 해 보세요.

내용
이해

(1) 백제와 신라가 힘을 합쳐 고구려가 가진 한강 유역을 차지했다.　　　　　（　　　）

(2) 고구려에게 빼앗은 한강의 상류 지역은 백제가 차지했다.　　　　　（　　　）

(3) 신라의 진흥왕은 백제가 차지한 한강 하류 지역을 빼앗았다.　　　　　（　　　）

3 다음 질문에 대한 진흥왕의 대답으로 알맞은 것을 골라 보세요.　（　　　　）

내용
적용

> 역사반 : 신라는 백제가 차지하기로 한 한강 하류 지역까지 빼앗았는데요,
> 약속을 저버리고 한강 하류 지역을 빼앗은 까닭은 무엇인가요?

① 한강 하류 지역은 원래 신라의 땅이었어요.

② 한강 하류는 신라의 수도와 매우 가깝기 때문이에요.

③ 서해를 통해 중국과 직접 교류해 나라를 발전시킬 수 있기 때문이에요.

④ 애초부터 백제가 한강의 상류, 신라가 한강의 하류 지역을 갖기로 약속했지요.

4 이 글을 영화로 만들었어요. 영화의 장면을 순서대로 나열해 보세요.

내용
적용

㉠ 백제와 신라가 한강
유역을 차지했다.

㉡ 관산성을 공격하다
백제 성왕이 죽었다.

㉢ 백제가 차지한 한강 하류
를 신라가 빼앗았다.

（　　　）　➡　（　　　）　➡　（　　　）

5 빈칸을 채우며, 이 글의 내용을 정리해 보세요.

핵심
정리

| 보기 | 무령왕 | 순수비 | 전성기 | 진흥왕 |

신라의 ㉠ _____은 백제와의 약속을 어기고 백제가 갖기로 한 한

강 하류 지역을 빼앗았다. 이후 그는 주변 나라들을 정복하면서 신라 역사상 가장

넓은 영토를 차지해 신라의 전성기를 이끌었다. 그는 새 영토를 두루 다니며 곳곳에

㉡ _____를 세웠다.

 어휘 학습

6 낱말의 알맞은 뜻을 찾아 선으로 이어 보세요.

어휘
복습

(1) 상류 •   • ① 서쪽에 있는 바다.

(2) 서해 •   • ② 자신감이 가득해 굽힐 줄 모르는 기운.

(3) 사기 •   • ③ 강이나 냇물이 흘러내려 오는 위쪽 부분.

7 대화를 읽고 빈칸에 들어갈 말로 알맞은 것을 골라 보세요. (   )

어휘
적용

하다: 영심아, 이번 연극에서 어떤 역할을 맡았어?
영심: 나는 돈 때문에 나라의 비밀을 다른 나라로 빼돌리는 스파이 역이야.
하다: 너는 _____의 역할을 맡은 거구나.

① 배신자   ② 지도자   ③ 지배자   ④ 충신

화랑, 신라는 우리가 지킨다!

난 컵스카우트 단원인데 신라에도 청소년 단체가 있었대. 다섯 가지 계율이 있었다는데 알아볼까?

신라에는 16~18살 사이의 남자 청소년들이 모여 수련하는❶ 단체인 화랑도가 있었어. ✦화랑도에는 여러 화랑들이 있었는데, 이들은 청년들을 이끌며 함께 공부하고 산과 들을 다니면서 몸과 마음을 건강하게 단련시❷켰지.

어느 날 화랑 귀산과 추항은 ✦원광 법사에 대한 소문을 들었어. 원광 법사는 중국에서 불교를 연구하고 돌아와 배운 것을 널리 알리면서 이름을 떨친 스님이었지. 귀산과 추항도 원광 법사를 찾아가 궁금했던 것들을 물어보았어.

"안녕하세요, 스님. 늘 배우고자 하는데 아는 게 부족해 답을 얻지 못하고 있습니다."

"그렇군요. 알고자 하는 것이 무엇입니까?"

"죽을 때까지 지켜야 할 것은 무엇인가요?"

원광 법사는 허허허 웃었어. 그러고는 이들에게 살면서 지켜야 할 다섯 가지의 계율인❸ ✦세속 오계를 알려 주었지.

"첫째, 사군이충! 충성을 다해 임금을 섬겨야 합니다."

"둘째, 사친이효! 어버이에게 효도를 다해야 할 것입니다."

"셋째, 교우이신! 친구를 사귈 때에는 믿음을 가져야 합니다."

"넷째, 임전무퇴! 싸움을 할 때에는 물러서지 말아야 하고요."

"다섯째, 살생유택! 살아 있는 것을 죽여야만 할 때에는 신중하게❹ 가려서 해야 할 것입니다."

역사 사전

법사
불교의 가르침을 글과 말로써 풀어 전하는 스님을 말해.

---

❶ **수련하다** 마음. 기술. 학문 등을 바르게 닦다. ❷ **단련하다** 몸과 마음을 시련이나 체험. 실천 등으로 닦고 길러 굳세게 하다. ❸ **계율** 불교를 믿는 사람이 따르고 지켜야 할 규칙. ❹ **신중하다** 매우 조심스럽다.

귀산과 추항은 이러한 원광 법사의 말을 마음에 깊이 새겼어.

수년이 흘렀어. 어느 날 백제가 신라 땅에 쳐들어오자 귀산과 추항도 전쟁터에 나갔지. 귀산은 병사들에게 이렇게 말하고 적진에 뛰어들었어.

"일찍이 스승님이 해 주신 말씀이 있다. 용사는 전쟁터에서 물러서지 않는다. 어찌 감히 달아나겠느냐!"

귀산은 긴 창을 휘두르며 용맹하게 적진❺에 뛰어들었어. 이를 보고 많은 병사들이 뒤따랐지. 덕분에 신라는 큰 승리를 거두었지만 귀산과 추항은 온몸이 피투성이가 되어 끝내 죽고 말았어. 귀산과 추항은 원광 법사가 알려준 세속 오계를 죽을 때까지 지키며 살았던 거야.

이후 화랑들은 모두 원광 법사가 귀산과 추항에게 가르쳐 준 다섯 가지 계율을 살아가면서 지켜야 할 원칙❻으로 삼았어. 화랑들은 세속 오계를 잊지 않고 신라를 지키기 위해 끝까지 싸웠지. 훗날 화랑도는 신라가 삼국을 통일하는❼ 데에도 큰 역할을 해냈어.

★화랑도   ★원광 법사   ★세속 오계

---

❺ **적진** 적군이 모여 진을 친 곳. ❻ **원칙** 일관성 있게 지켜야 하는 기본적인 규칙. ❼ **통일하다** 나누어진 것들을 합쳐서 하나가 되게 하다.

1 이 글의 중심 내용으로 알맞은 것은 무엇인가요? (   )

중심
내용

① 신라 청소년들의 단체인 화랑도   ② 화랑도에서 활동한 귀산과 추항

③ 중국에서 불교를 공부한 원광 법사   ④ 세속 오계를 마음에 새긴 화랑 귀산과 추항

2 이 글의 내용과 일치하면 O표, 일치하지 않으면 X표 해 보세요.

내용
이해

(1) 원광 법사는 진흥왕에게 직접 세속 오계를 알려 주었다.   (   )

(2) 귀산과 추항은 세속 오계를 엄격히 지켜 오랫동안 살아남았다.   (   )

(3) 화랑도는 신라가 삼국을 통일할 때 큰 역할을 했다.   (   )

3 이 글에 나오는 세속 오계의 내용을 선으로 이어 완성해 보세요.

내용
이해

(1) 어버이에게….   •   •   ㉠ 충성으로 섬긴다.

(2) 임금을….   •   •   ㉡ 물러서지 않는다.

(3) 친구를 사귈 때에는….   •   •   ㉢ 효도를 다한다.

(4) 싸움을 할 때에는….   •   •   ㉣ 신중하게 가려서 한다.

(5) 살아있는 것을 죽일 때에는….   •   •   ㉤ 믿음을 가진다.

4 다음의 반굴과 관창은 세속 오계의 계율 중 무엇을 지키려고 한 것인가요? (   )

내용
적용

화랑 반굴은 신라의 장군 김유신의 조카였어. 반굴은 황산벌에서 신라군이 백제군에게 밀리자 앞으로 나아가 힘껏 싸우다 죽었지. 반굴이 죽자 또 다른 화랑 관창이 열여섯의 어린 나이에 창을 들고 백제군에게 달려들었대!

① 임전무퇴   ② 사군이충   ③ 살생유택   ④ 교우이신

5 빈칸을 채우며, 이 글의 내용을 정리해 보세요.

핵심
정리

| 보기 | 무예 | 세속 오계 | 태권도 | 화랑도 |

⊙ _____는 신라의 청소년 수련 단체이다. 이들은 원광 법사가 가

르쳐 준 ⓒ _____를 원칙으로 삼아 몸과 마음을 훈련했다. 그 내용

은 사군이충, 사친이효, 교우이신, 임전무퇴, 살생유택이다.

어휘 학습

6 뜻풀이에 알맞은 낱말을 골라 ○표 해 보세요.

어휘
복습

(1) 적군이 모여 진을 친 곳. ·· (적진 / 후진)

(2) 마음, 기술, 학문 등을 바르게 닦다. ····················· (수련하다 / 회복하다)

(3) 불교를 믿는 사람이 따르고 지켜야 할 규칙. ················· (계율 / 법률)

7 보기 에서 알맞은 낱말을 찾아 밑줄 친 말을 바꾸어 써 보세요.

어휘
적용

| 보기 | 단련 | 신중 | 원칙 | 통일 |

(1) 할아버지의 소원은 우리나라가 합쳐서 하나가 되는 것이다.

➡ 할아버지의 소원은 우리나라의 ( )이다.

(2) 아버지는 자신이 세운 일관성 있게 지켜야 하는 기본적인 규칙을 지키며 장사를 해 왔다.

➡ 아버지는 자신이 세운 ( )을 지키며 장사를 해 왔다.

20 바보 온달, 고구려를 지키다!

> 나를 바보라고
> 놀리지 마!
> 나도 온달 님처럼
> 나라를 지키는 영웅이
> 될 테니까!

고구려에는 <u>온달</u>이라는 남자가 살았어. 온달은 우스꽝스럽게 생긴 데다가 항상 너덜너덜한 옷을 입고 음식을 구걸하고[1] 살아 사람들이 바보라고 놀렸지. 그때 고구려의 평강왕에게는 울보인[2] 딸이 있었어. 평강왕은 딸이 울 때마다 울음을 멈추게 하려고 온달을 들먹이며 겁을 줬어.

"으앙~!"

"그만 좀 울어라. 자꾸 울면 바보 온달에게 시집보낸다!"

시간이 흘러, 공주가 훌쩍 커 결혼할 나이가 되었어. 평강왕은 공주를 좋은 집에 시집을 보내려고 했지. 하지만 공주는 단호하게 거절했어.

"아버지께서는 항상 제가 온달의 아내가 되어야 한다고 하셨는데, 이제 와 어찌 다른 남자의 아내가 되라고 말씀하십니까?"

공주는 당차게 궁궐을 나와 온달과 결혼했어. 그리고 궁궐에서 가져온 금팔찌를 팔아 온달이 공부하고 무예를[3] 닦을 수 있게 도와줬지.

> 서 사람이 바보 온달이란 말이냐? 믿을 수가 없구나!

"온달 님, 이제 때가 되었습니다. 사냥 대회에 나가 실력을 보여 주세요!"

온달은 대회에서 그동안 갈고닦아 온 실력을 힘껏 발휘했어[4]. 온달은 누구보다 빠르게 말을 몰았고, 사냥에서도 그를 따를 자가 없었지. 왕은 뛰어난 실력을 가진 사람이 온달임을 알고 크게 놀랐어.

---

❶ **구걸하다** 돈이나 곡식 등을 거저 달라고 빌다. ❷ **울보** 툭하면 우는 아이. ❸ **무예** 칼이나 창 쓰기, 활쏘기, 말타기 등에 관한 재주. ❹ **발휘하다** 재능이나 능력을 마음껏 드러내다.

때마침 중국이 고구려에 쳐들어오자 온달도 전쟁에 참가했어.

"고구려의 군사들이여! 고구려의 강한 힘을 보여 주자! 나를 따르라!"

온달은 군사들의 맨 앞에 나서서 열심히 싸워 고구려에 승리를 가져다 주었지.

"이 사람이 바로 내 ⑤사위나! 나라를 지킨 온달에게 큰 상을 내리노라!"

평강왕은 매우 기뻐하며 온달을 칭찬하고 ⑥벼슬도 내려 줬어.

시간이 흘러, 평강왕의 아들인 영양왕이 나라를 다스릴 때였어.

"폐하, 저에게 군사를 주시면, 신라에게 빼앗긴 한강 유역을 되찾아 오겠습니다!"

"자네에게 모든 것을 믿고 맡기겠네!"

온달은 꼭 이기고 돌아오리라 굳게 마음을 먹고 전쟁터로 나갔어. 그리고 신라군과 용감하게 맞서 싸웠지. 하지만 온달은 전쟁 도중 화살에 맞아 죽고 말았어. 군사들은 온달의 ⑦장례를 치르려고 했지만 관이 꿈쩍도 하지 않았지. 결국 공주가 와서 울며 관을 어루만지며 말했어.

"온달 님, 삶과 죽음이 결정되었습니다. 돌아가시지요."

그러자 꿈쩍도 하지 않던 관이 움직였고, 온달을 땅에 묻을 수 있었어. 온달은 비록 죽고 말았지만, 고구려 사람들의 마음에는 고구려를 지킨 영웅으로 남았어.

온달 님, 이제 돌아가시지요….

용선생 키워드 ✷온달

---

⑤ **사위** 딸의 남편을 이르는 말. ⑥ **벼슬** 나랏일을 맡아 다스리는 자리. ⑦ **장례** 죽은 사람을 땅에 묻거나 화장하는 일. 또는 그런 의식.

독해 학습

1 이 글을 읽고 알맞은 선을 그어 중심 문장을 완성해 보세요.

중심
내용

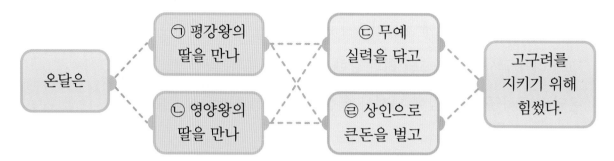

온달은
- ㉠ 평강왕의 딸을 만나
- ㉡ 영양왕의 딸을 만나
- ㉢ 무예 실력을 닦고
- ㉣ 상인으로 큰돈을 벌고
- 고구려를 지키기 위해 힘썼다.

2 이 글의 평강왕이 공주에게 다음과 같이 말한다면 그 까닭은 무엇인가요? (　　　)

내용
이해

> 자꾸 그러면 너를 바보 온달에게 시집보낼 것이다!

① 공주를 왕으로 만들기 위해서

② 공주의 울음을 멈추게 하기 위해서

③ 공주가 시험을 잘 보게 하기 위해서

④ 공주를 인기가 많은 온달에게 시집보내기 위해서

3 이 글을 읽고 일이 일어난 순서대로 기호를 써 보세요.

내용
이해

| ㉠ 공주는 궁궐에서 나와 온달과 결혼했다. | ㉡ 온달은 공주의 도움으로 무예를 갈고닦았다. | ㉢ 온달은 신라와 싸우다가 죽음을 맞이했다. |

(　　　) ➡ (　　　) ➡ (　　　)

4 이 글의 온달에 대해 바르게 말한 사람을 찾아 ○표 해 보세요.

인물
이해

| ㉠ 어릴 때부터 평강왕에게 인정받아 공주와 결혼하기로 했어. | ㉡ 사냥 대회에서 뛰어난 실력을 보였어. | ㉢ 영양왕을 밀어내고 고구려의 왕이 되었지. |

5 빈칸을 채우며, 이 글의 내용을 정리해 보세요.

핵심
정리

고구려의 영웅인 ⊙ ☐☐	
부인	ⓒ ☐☐☐ 의 딸
한 일	• 공주와 결혼한 뒤, 열심히 공부하고 무예를 닦았다. • 사냥 대회에서 뛰어난 실력을 발휘했다. • 중국이 고구려에 쳐들어오자 앞장서서 적을 물리쳤다. • 신라와 맞서 싸우다 죽음을 맞이했다.

어휘 학습

6 뜻풀이에 알맞은 낱말을 골라 ◯표 해 보세요.

어휘
복습

(1) 딸의 남편을 이르는 말. ··· (사위 / 장인)

(2) 나랏일을 맡아 다스리는 자리. ·· (벼슬 / 영광)

(3) 재능이나 능력을 마음껏 드러내다. ··································· (발휘하다 / 지휘하다)

(4) 칼이나 창 쓰기, 활쏘기, 말타기 등에 관한 재주. ························· (명예 / 무예)

7 대화를 읽고 빈칸에 들어갈 알맞은 낱말을 골라 보세요. (   )

어휘
적용

> 선애: 하다는 어디 있어? 곧 수업 시작하는데······.
>
> 영심: 어제 하다 할아버지께서 돌아가셨대.
>
> 선애: 아, 그렇다면 (   )를 치르는 중이라 학교에 오지 못하겠구나.

① 무예   ② 벼슬   ③ 사위   ④ 장례

가로세로 키워드 찾기!

▶ 정답 17쪽

💡 아래에 있는 가로세로 열쇠 힌트를 읽고, 알맞은 키워드를 넣어 가로세로 역사 퍼즐을 완성해 보세요.

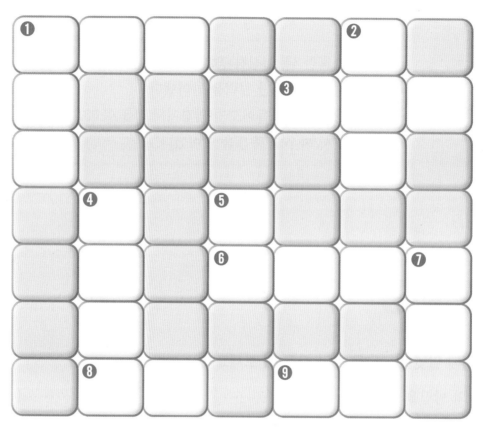

 가로 열쇠

❶ 우산국을 정복해 신라의 땅으로 만든 장군의 이름이야.

❸ 백제의 성왕에게 한강 하류를 빼앗은 왕으로, 신라의 전성기를 이끌었어.

❻ 화랑이 지켜야 하는 세속 오계 가운데 '친구를 사귈 때 믿음으로써 함'이라는 뜻을 가진 계율이야.

❽ 이사부 장군은 나무로 '이것'을 만들어 우산국 사람들을 겁주었지.

❾ 신라는 백제를 배신하고 ○○ 상류와 하류를 모두 차지했어.

 세로 열쇠

❶ 신라에 불교를 퍼뜨리기 위해 자신의 목숨을 바친 신하야.

❷ 신라는 ○○○이 다스릴 때 불교를 나라의 종교로 만들었지.

❹ 화랑이 지켜야 할 다섯 가지 계율을 알려 준 스님이야.

❺ 신라의 법흥왕은 '이 종교'를 받아들여 백성들이 하나의 뜻으로 뭉쳐야 한다고 생각했어.

❼ 이사부 장군과 법흥왕, 진흥왕 모두 '이 나라'를 위해 애쓴 사람이지.

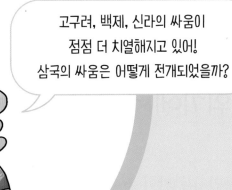

고구려, 백제, 신라의 싸움이
점점 더 치열해지고 있어!
삼국의 싸움은 어떻게 전개되었을까?

5주

612년
살수 대첩

643년
황룡사
9층 목탑을 지음

645년
안시성 전투

647년
비담의 난

회차	학습 내용	핵심 키워드	교과 연계	학습 계획일
21	지혜로운 **선덕 여왕**, 신라를 위기에서 구하다!	✳ 선덕 여왕 ✳ 황룡사 9층 목탑	【사회 5-2】 1. 옛사람들의 삶과 문화 ① 나라의 등장과 발전	월 일
22	**을지문덕**, 꾀로 수나라군을 물리치다!	✳ 을지문덕 ✳ 수나라 ✳ 살수 대첩	【사회 5-2】 1. 옛사람들의 삶과 문화 ① 나라의 등장과 발전	월 일
23	당나라의 공격에도 무너지지 않은 **안시성**	✳ 당나라 ✳ 안시성 전투	【사회 5-2】 1. 옛사람들의 삶과 문화 ① 나라의 등장과 발전	월 일
24	**김유신**, 신라의 왕족 김춘추와 가족이 되다!	✳ 김유신 ✳ 김춘추 ✳ 문희	【사회 5-2】 1. 옛사람들의 삶과 문화 ① 나라의 등장과 발전	월 일
25	떨어진 별도 끌어올린 **김유신**	✳ 김유신 ✳ 비담	【사회 5-2】 1. 옛사람들의 삶과 문화 ① 나라의 등장과 발전	월 일
역사 놀이터		키워드 찾기 대작전!		

21

지혜로운 선덕 여왕, 신라를 위기에서 구하다!

나도 선덕 여왕처럼 지혜로운 사람이 될 테야. 선덕 여왕은 어떻게 그림만 보고 꽃에 향기가 없다는 걸 알았을까?

신라에서는 가장 높은 신분인 성골만이 왕이 될 수 있었어. 그런데 진평왕이 아들 없이 죽자 성골인 여자 중에 왕을 정해야만 했지.

"진평왕의 딸 덕만 공주님이 똑똑하지 않습니까?"

"덕만 공주님을 왕으로 추대합시다."

이때 왕이 된 덕만 공주가 바로 신라 최초의 여왕인 선덕 여왕이야.

선덕 여왕이 왕이 된 뒤 어느 날, 당나라 황제가 신라에 모란의 씨앗과 함께 모란꽃이 그려진 그림을 보냈어. 그림 속의 꽃을 유심히 보던 선덕 여왕이 말했지.

"꽃이 예쁘긴 하나 향기가 없겠구나."

신하들은 선덕 여왕의 말에 놀라 그 까닭을 물었어. 그러자 선덕 여왕은 웃으며 씨앗을 심어 보면 자신의 말을 알게 될 거라 대답했지.

어느덧 봄이 되었어. 정원에 모란꽃이 화사하게 피어났어. 그런데 웬걸! 정말로 꽃이 질 때까지도 도무지 향기가 나질 않는 거야! 놀란 신하들에게 선덕 여왕이 말했어.

"꽃 그림에 나비가 없는 것을 보고 향기가 없다는 걸 알았다. 이는 당나라 황제가 내가 결혼하지 않은 것을 놀린 것이다."

선덕 여왕은 당나라 황제가 그림을 보낸 속마음까지도 읽어 낸 거야. 이렇게 선덕 여왕은 지혜로웠어. 하지만 선덕 여왕이 나라를 다스릴 때 주변 나라들의 침입이 끊이질 않았지.

"백제군이 또 신라에 쳐들어오고 있다고 합니다!"

역사 사전

성골
신라의 신분 제도인 골품제 중 가장 높은 신분이야. 성골 다음으로 진골, 6두품, 5두품, 4두품 등이 있었어.

---

❶ **신분** 개인의 사회적 위치나 계급. ❷ **추대하다** 윗사람으로 세워 떠받들다. ❸ **화사하다** 화려하게 곱다. ❹ **침입** 어떤 곳에 함부로 쳐들어가거나 쳐들어오는 것.

"여자가 왕을 하니 다른 나라가 우습게 보는 것 아니겠소!"

사람들은 선덕 여왕에 대해 불만을 품기 시작했어.

'어떻게 하면 사람들의 불만을 잠재우고, 주변 나라의 침입으로부터 신라를 안전하게 지켜 낼 수 있을까?'

선덕 여왕이 크게 걱정하사 유명한 스님인 자장이 말했어.

"9층으로 된 탑을 세우면 아무도 신라의 왕이 여자라고 깔보지[5] 못할 것이며 이웃 나라들이 모두 항복할 것입니다."

선덕 여왕은 자장 스님의 뜻에 따라 진흥왕이 지은 황룡사라는 절에 9층 목탑[6]을 세웠어. 목탑은 오늘날 아파트 30층 높이에 다다를[7] 만큼 거대한 크기였지.

이제 신라를 얕보지 못할 것이다!

황룡사 9층 목탑

✡황룡사 9층 목탑은 선덕 여왕의 위엄을 세상에 보여 주는 탑이었던 거야. 선덕 여왕은 부처의 힘으로 백성을 다스리고자 분황사라는 절도 지었어. 또 별들의 움직임을 관찰하기 위해 첨성대도 세웠지.

이렇게 선덕 여왕은 나라를 지혜롭게 다스리며 주변의 위협으로부터 신라를 구해 낼 수 있었어.

용선생 키워드   ✡선덕 여왕   ✡황룡사 9층 목탑

---

[5] **깔보다** 우습게 보다.   [6] **목탑** 나무로 만든 탑.   [7] **다다르다** 목적한 곳에 이르다.

1 이 글의 중심 내용으로 알맞은 것은 무엇인가요? (   )

중심
내용

① 성골만이 왕이 될 수 있던 신라 ② 지혜롭게 나라를 다스린 선덕 여왕

③ 주변 나라들의 침입으로 고통받은 신라 ④ 자장 스님에게 고민을 상담한 선덕 여왕

2 이 글을 읽고 친구들이 잘못 말한 낱말을 찾아 바르게 고쳐 보세요.

내용
이해

(1) 진평왕이 아들 없이 죽자 진골인 여자 중에서 왕을 뽑아야만 했어.

잘못된 낱말: _____ ➡ 고친 낱말: _____

(2) 선덕 여왕은 당나라의 황제가 보낸 장미꽃 그림을 보고 꽃에 향기가 없음을 알아챘어.

잘못된 낱말: _____ ➡ 고친 낱말: _____

3 이 글을 읽고 대화의 빈칸에 들어갈 알맞은 낱말을 써 보세요.

내용
이해

선덕 여왕: 사람들은 내가 여왕이라 불만을 품고 있고, 이웃 나라들까지 자주 쳐
들어오니 큰 걱정이오.

자장 스님: 폐하의 위엄을 보여 줄 수 있도록 [   ]

을 세우십시오. 모두가 폐하를 깔보지 못하고 신라에 항복할 것입니다.

4 이 글을 읽고 빈칸에 들어갈 말로 알맞은 것을 골라 보세요. (   )

자료
해석

① 별들의 움직임을 관찰할 수 있기 때문입니다.

② 대포를 쏴 적들을 막아 낼 수 있기 때문입니다.

③ 사신을 맞이하는 잔치를 열 수 있기 때문입니다.

④ 학문을 가르쳐 훌륭한 인재들을 키워 낼 수 있기
때문입니다.

▶ 정답과 풀이 12쪽

5 빈칸을 채우며, 이 글의 내용을 정리해 보세요.

핵심
정리

보기	고인돌	선덕 여왕	진평왕	첨성대

신라 최초의 여왕인 ㉠ _____은 나라의 위기를 극복하기 위해 황

룡사에 9층 목탑을 세우고, 별들의 움직임을 관찰하는 ㉡ _____를

세우는 등 신라를 지혜롭게 다스렸다.

 어휘 학습

6 낱말의 알맞은 뜻을 찾아 선으로 이어 보세요.

어휘
복습

(1) 신분 •   • ① 나무로 만든 탑.

(2) 침입 •   • ② 개인의 사회적 위치나 계급.

(3) 목탑 •   • ③ 어떤 곳에 함부로 쳐들어가거나 쳐들어오는 것.

7 밑줄 친 낱말이 잘못 쓰인 문장을 골라 보세요. (   )

어휘
적용

① 조선 시대에는 <u>신분</u>의 구별이 엄격했다.

② 소방관은 식당에 <u>침입한</u> 말벌을 쫓아냈다.

③ 백성들은 돌을 이용해 <u>목탑</u>을 쌓아 올렸다.

④ 신하들은 가장 지혜로운 왕자를 왕위에 <u>추대했다</u>.

22 을지문덕, 꾀로 수나라군을 물리치다!

> 을지문덕도 나처럼 천재인 듯! 을지문덕은 어떤 꾀를 내어 30만 수나라 군사에 맞서 고구려를 지켜 냈을까?

중국의 [☆]수나라가 많은 군사를 앞세워 고구려를 공격했어. 이때 고구려의 [☆]을지문덕 장군이 수나라군의 길을 막아 세웠지.

"항복! 항복하겠소!"

을지문덕은 수나라군이 머무는 곳으로 찾아가 항복했어. 그리고 수나라의 ^❶진영을 유심히 살펴보았지.

'수나라 병사들이 크게 지쳐 있군. 식량도 부족해 보여.'

을지문덕은 수나라군의 상태를 두 눈으로 확인하기 위해 거짓으로 항복한 거야. 직접 수나라군의 상태를 확인한 을지문덕은 적을 물리칠 새로운 ^❷작전을 세웠어.

"수나라의 군사들은 매우 지쳐 있다. 그들을 좀 더 지치게 하면 전쟁에서 쉽게 이길 수 있다. 이제부터 우리는 싸움에서 지는 척하며 물러난다!"

"네! 장군!"

고구려군은 을지문덕의 명령을 따라 수나라군과 싸우다가 지는 척하며 물러났어.

"고구려 군사들이여, ^❸후퇴하라!"

"와~. 도망치는 고구려군의 뒤를 쫓아라~!"

수나라군은 싸울 때마다 계속 이겼지만, 잡힐 듯 말 듯하며 달아나는 고구려군 때문에 완전히 지쳐 버렸어. 이때 을지문덕은 수나라 장군에게 한 편의 시가 담긴 편지를 보냈지. 편지의 내용은 다음과 같았어.

전쟁에서 이긴 공이 이미 높으니 만족하고 돌아가는 ^❹게 어떠한가?

역사 사전

수나라와 살수
수나라는 오랫동안 나뉘어져 있던 중국을 통일했어. 하지만 세워진 지 30여 년만에 멸망하고 말았어. 살수는 평안북도 서남부를 흐르는 청천강의 옛 이름이야.

---

❶ **진영** 군대가 진을 치고 있는 곳. ❷ **작전** 어떤 일을 이루기 위해 짜는 계획 또는 방법. ❸ **후퇴하다** 뒤로 물러나다.
❹ **공** 일을 마치거나 목적을 이루는 데 들인 노력과 수고.

수나라 장군은 이제야 을지문덕에게 속은 것을 알게 되었지.

"지금껏 고구려에 속은 줄도 모르고 이기고 있다 착각했구나!⁵"

더 이상 싸울 힘이 없었던 수나라군은 을지문덕의 편지에 못 이기는 척 군사를 돌렸지. 후퇴하던 수나라군은 살수라는 큰 강에 도착했어.

"고구려군이 도착하기 전에 어서 강을 건너자!"

하지만 을지문덕은 이미 강 근처에 군사들을 숨겨 놓은 상태였지.

"지금이다! 고구려 군사들이여, 공격하라!"

강 주변에 숨어 있던 고구려 군사들은 을지문덕의 외침에 모습을 드러내고 일제히 공격을 퍼부었어.

"으악! 사방에서 고구려군이 공격하는구나!"

"물속이라 도망치기 힘듭니다!"

수나라군은 제대로 싸워 보지도 못하고 크게 지고 말았어. 수나라 군사 30만 명 중 살아 돌아간 수가 고작 2,700명 정도에 불과했지.

이 싸움은 살수라는 강에서 크게 이긴 전쟁이라 ⁜살수 대첩⁶이라고 불러. 수나라는 이후에도 고구려에 복수하기 위해 여러 차례 쳐들어왔지만 모두 지고 나라의 힘도 약해져 결국 멸망하고⁷ 말았어.

 **용선생 키워드**　⁜을지문덕　⁜수나라　⁜살수 대첩

---

❺ **착각하다** 사실을 실제와 다르게 생각하다.　❻ **대첩** 크게 이긴 전쟁.　❼ **멸망하다** 망하여 없어지다.

1 이 글의 중심 내용으로 알맞은 것은 무엇인가요? (   )

중심
내용

① 수나라 장수에게 편지를 보낸 을지문덕

② 수나라군과 싸울 때마다 도망친 고구려군

③ 거짓으로 항복하고 수나라군 상황을 살핀 을지문덕

④ 고구려군을 이끌고 수나라군을 크게 물리친 을지문덕

2 이 글을 읽고 빈칸에 들어갈 말로 알맞은 것을 골라 보세요. (   )

내용
이해

내가 거짓으로
수나라에 항복
한 까닭은 _____

을지문덕

① 어차피 고구려군이 질 것이기 때문입니다.

② 수나라군의 진영을 직접 살펴보기 위해서입니다.

③ 수나라의 관리가 되어 많은 재물을 받기 위해서입니다.

④ 고구려에서 일어난 반란으로 목숨이 위험했기 때문입니다.

3 을지문덕이 수나라 장군에게 다음 편지를 보낼 때의 상황으로 알맞은 것은 무엇인가요?

추론
(   )

> 전쟁에서 이긴 공이 이미 높으니, 만족하고 돌아가는 게 어떠한가?

① 수나라와 고구려가 동맹을 맺었다.

② 수나라군이 고구려에 항복하겠다고 했다.

③ 고구려군이 가지고 있는 식량이 모두 떨어져 버렸다.

④ 고구려군이 싸우다 지는 척하며 물러나 수나라군을 지치게 만들었다.

4 이 글을 읽고 일이 일어난 순서대로 기호를 써 보세요.

내용
적용

| ㉠ 수나라군이 많은 군사를 이끌고 고구려에 쳐들어왔다. | ㉡ 을지문덕은 거짓으로 항복하고 수나라군 진영을 살폈다. | ㉢ 을지문덕이 살수에서 수나라군을 크게 물리쳤다. | ㉣ 을지문덕은 싸우다가 물러나기를 반복하며 수나라군의 힘을 빼 놓았다. |

(㉠) ➡ (   ) ➡ (   ) ➡ (   )

5 빈칸을 채우며, 이 글의 내용을 정리해 보세요.

핵심
정리

> 고구려군을 이끈 ㉠ ☐☐ ☐☐ 은 살수에서 수나라군을 크게
>
> 물리쳤다. 이 사건을 ㉡ ☐☐ ☐☐ 이라고 한다.

 어휘 학습

6 낱말의 알맞은 뜻을 찾아 선으로 이어 보세요.

어휘
복습

(1) 대첩 • • ① 뒤로 물러나다.

(2) 진영 • • ② 크게 이긴 전쟁.

(3) 멸망하다 • • ③ 망하여 없어지다.

(4) 후퇴하다 • • ④ 군대가 진을 치고 있는 곳.

7 빈칸에 들어갈 알맞은 낱말을 보기 에서 찾아 문장을 완성해 보세요

어휘
적용

| 보기 | 공 | 작전 | 진영 | 착각 |

(1) 축구팀 감독은 팀을 우승으로 이끈 _____을 인정받아 큰 상을 받았다.

　　　　　　　　　└, 일을 마치거나 목적을 이루는 데 들인 노력과 수고.

(2) 경기가 중반에 다다르자 박 감독은 심판에게 _____ 타임을 요청했다.

　　　　　　　　　└, 어떤 일을 이루기 위해 짜는 계획 또는 방법.

23 당나라의 공격에도 무너지지 않은 안시성

목숨을 걸고 안시성을 지킨 백성들이 대단해! 고구려군은 어떻게 당나라군을 물리칠 수 있었을까?

당나라가 수나라의 뒤를 이어 중국을 통일했어. ☆당나라는 고구려도 무너뜨리기 위해 군사를 일으켰지.

"우리는 수나라와 다르다! 이번에야말로 고구려를 차지하자!"

당나라의 황제는 직접 군사를 이끌고 강한 무기를 앞세워 고구려의 성을 공격하기 시작했어.

"으악! 저 ❶포차에서 거대한 돌이 날아오고 있어!"

"모두 피하라! 성벽이 무너진다!"

고구려군은 당나라군을 막아 내려고 애를 썼지만, 차례로 성을 빼앗겼어. 마침내 당나라군은 요동 깊숙이 들어와 고구려의 중요한 성 가운데 하나인 ☆안시성을 공격하기 시작했지.

"❷성주, 당나라군이 하루에도 몇 차례씩 공격하고 있습니다!"

"당나라군에게 성을 내줄 수 없다. 안시성이 무너지면 고구려는 ❸끝장이다!"

안시성의 성주와 군사, 백성들은 계속된 당나라의 공격에도 똘똘 뭉쳐 죽을 ❹각오로 맞서 싸웠어. 그러자 당나라는 마음이 급해지기 시작했어.

"안시성의 백성들이 죽을 각오로 버티니 싸움이 길어지고 있습니다."

"성안을 들여다볼 수 있도록 흙을 산처럼 쌓아라! 그리하면 안시성 공격도 훨씬 쉬워질 것이다."

당나라군은 엄청난 수의 군사를 ❺동원해 두 달 동안 열심히 흙으로 산을 쌓았어. 그런데 갑자기 흙산이 안시성 쪽으로 무너져 버리고 말았지.

역사 사전

안시성
고구려와 당나라의 경계에 있던 산성이야. 지금의 중국 랴오허강 주변에 있었지. 안시성은 고구려를 지키는 성 중에서도 중요한 곳이었어.

● 안시성

---

❶ **포차** 옛날에 군사들이 돌을 던질 때 사용한 수레. ❷ **성주** 성의 우두머리. ❸ **끝장** 돌이킬 수 없게 일을 완전히 그르치는 것. ❹ **각오** 앞으로 해야 할 일이나 겪을 일에 대한 마음의 준비. ❺ **동원하다** 어떤 목적을 달성하기 위해 사람이나 물건을 한곳에 집중시키다.

"성주, 당나라가 쌓은 흙산이 무너지고 있습니다!"

"하늘이 우리를 돕는구나! 어서 저 흙산을 빼앗자!"

고구려군은 재빠르게 당나라군이 쌓아 놓은 흙산으로 올라갔어. 그리고 성벽과 흙산에서 당나라군에게 화살과 돌을 퍼부었지.

"당나라군이 올라오지 못하게 화살을 쏴라!"

"고구려군의 기세가 너무 강하구나! 더 이상 버티기 어렵겠다!"

당나라군은 결국 고구려군에게 흙산을 빼앗기고 말았어. 게다가 곧 추운 겨울이 다가오자 당나라군의 사기도 크게 떨어졌지.

"우리 고구려는 절대 항복하지 않는다! 당나라 군대는 그만 돌아가라!"

"크윽, 분하지만 돌아가자."[6]

결국 당나라는 안시성을 빼앗지 못하고 자신의 나라로 돌아갔어. 안시성의 고구려군과 백성들이 힘을 합쳐 강한 당나라의 침입을 막아 낸 거야!

용선생 키워드　★당나라　★안시성 전투

---

❻ **분하다** 억울한 일을 당해 화가 나다.

1
중심
내용

글의 중심 내용을 바르게 말한 사람을 찾아 ○표 해 보세요.

㉠ 중국을 통일한 당나라

㉡ 당나라의 흙산을 쌓는 기술

㉢ 당나라로부터 안시성을 지킨 고구려

2
내용
이해

이 글의 당나라군이 다음과 같이 말한다면 그 까닭은 무엇인가요? (   )

흙산을 안시성의 성벽보다 높게 쌓는 것이 어떻습니까?

① 흙을 모아 안시성 안으로 던지려고 했기 때문이다.
② 당나라군이 지낼 숙소가 부족해서 더 만들어야 했기 때문이다.
③ 안시성이 들여다보여 고구려군을 공격하기가 더 쉽기 때문이다.
④ 고구려군의 공격을 막아 낼 단단한 방어막이 필요했기 때문이다.

3
추론

이 글을 읽고 다음 뉴스에 이어질 내용으로 알맞은 것을 골라 보세요. (   )

당나라군이 안시성 주변에 쌓아 올린 흙산이 무너졌습니다.

① 고구려군은 흙산을 완전히 무너뜨렸다.
② 당나라군은 재빨리 또 다른 흙산을 만들었다.
③ 고구려군은 흙산을 빼앗은 뒤, 당나라군을 공격했다.
④ 흙산이 무너지면서 안시성에 있던 고구려군이 모두 죽거나 다쳤다.

4
내용
이해

이 글의 내용과 일치하지 <u>않는</u> 것은 무엇인가요? (   )

① 당나라는 수나라의 뒤를 이어 중국을 통일했다.
② 당나라의 황제는 직접 군사를 이끌고 고구려를 공격했다.
③ 안시성의 고구려군과 백성들은 끝까지 안시성을 지켜 냈다.
④ 당나라군은 흙산을 빼앗기고도 계속 안시성을 공격해 성을 차지했다.

5 빈칸을 채우며, 이 글의 내용을 정리해 보세요.

핵심
정리

중국을 통일한 ㉠ [| |] 가 고구려에 쳐들어왔다. 당나라군은

㉡ [| |] 을 에워싸고 흙산을 쌓아 공격하려 했으나, 흙산이 무너

지는 바람에 고구려군에게 공격을 낭했나. 결국 당나라군이 후되하면서 고구려군

과 백성들은 성을 끝까지 지켜 낼 수 있었다.

어휘 학습

6 낱말의 알맞은 뜻을 찾아 선으로 이어 보세요.

어휘
복습

(1) 포차 •

(2) 각오 •

(3) 성주 •

• ① 성의 우두머리.

• ② 옛날에 군사들이 돌을 던질 때 사용한 수레.

• ③ 앞으로 해야 할 일이나 겪을 일에 대한 마음의 준비.

7 밑줄 친 낱말의 뜻이 다음과 같은 것을 골라 보세요. (   )

어휘
적용

어떤 목적을 달성하기 위해 사람이나 물건을 한곳에 집중함.

① 박혁거세는 신하들의 추대를 받아 왕이 되었다.

② 추수를 하기 위해 옆 마을 사람들까지 동원이 되었다.

③ 일급비밀이 다른 사람에게 알려지면 우리는 모두 끝장이다.

④ 지수는 수요일을 목요일로 착각을 해서 약속을 지키지 못했다.

24 김유신, 신라의 왕족 김춘추와 가족이 되다!

> 김유신이 사랑의 징검다리 역할을 했다고? 오늘은 사랑 이야기가 분명해! 신나는걸?

김유신은 신라의 진골 귀족이야. 어려서부터 용맹하고 학문도[1] 열심히 닦아 지혜로웠어. 15살 때에는 화랑이 되어 무리를 잘 이끌었지.

'나 김유신은 신라를 위해 목숨 바쳐 싸울 것이다!'

김유신은 신라의 장군이 되어 백제, 고구려와 싸울 때마다 앞장서 큰 공을 세웠어.

"김유신 장군은 백 번을 싸우면 백 번을 이기니 참으로 대단해!"

"김유신 장군과 함께라면 전쟁도 무섭지 않아!"

김유신의 활약에[2] 신라군의 사기도 높아져 갔지. 김유신은 수많은 전쟁을 치르면서 가슴 속에 큰 꿈을 갖게 되었어. 바로 신라가 삼국을 통일하는 거야. 하지만 그의 힘만으로는 부족했지.

'김춘추 님과 힘을 합친다면, 신라를 더 강한 나라로 만들 수 있을 거야. 어떻게 하면 가까운 사이가 될 수 있을까?'

김춘추는 신라의 왕족으로[3], 선덕 여왕이 아끼는 조카였어[4]. 김유신은 고민 끝에 김춘추와 친해지기 위한 작전을 세웠지.

어느 날, 김유신은 김춘추와 함께 축국을 하다가 실수인 척 김춘추의 옷을 밟아 찢었어.

"아니, 이런 실수를! 김춘추 님, 마침 여기서 저희 집이 멀지 않으니 옷을 꿰매고[5] 가시죠."

집에 들어온 김유신은 동생인 보희를 불렀어.

"보희야, 김춘추 님의 찢어진 옷을 꿰매 줄 수 있겠느냐?"

역사 사전

축국
가죽 공을 여럿이 둘러서서 발로 차고 받는 놀이를 말해. 떨어뜨리지 않고 많이 차는 쪽이 이기는 거야.

---

❶ **학문** 어떤 분야를 체계적으로 배워서 익힘. 또는 그런 지식. ❷ **활약** 눈길을 끌 만큼 뛰어난 활동. ❸ **왕족** 임금의 가족. ❹ **조카** 형제자매의 자식. ❺ **꿰매다** 해지거나 뚫어진 곳을 바느질해 깁다.

"[6]오라버니, 부끄러워요. 그런 일을 왜 저에게 시키세요."

보희가 싫다고 말하자 또 다른 동생인 ☆문희가 번쩍 손을 들었어.

"언니가 하기 싫으면 제가 할게요!"

김춘추는 고개를 돌려 목소리가 들려오는 곳을 바라보았어.

'아니, 이렇게 아름다운 분이!'

"저는 문희라고 합니다. 김춘추 님께서 이렇게 멋진 분이신 줄은 몰랐습니다."

김유신의 작전대로 이날 이후 김춘추와 문희는 빠르게 가까워졌어. 그리고 그들은 결혼해 부부가 되었지. 이로써 김유신과 김춘추는 가족이 된 거야.

"우리가 힘을 합친다면, 신라가 백제와 고구려를 물리치고 삼국을 통일하는 것도 [7]헛된 꿈은 아닐 겁니다!"

"이 한 몸 바쳐 김춘추 님과 함께하겠습니다!"

김유신은 한 가족이 된 김춘추와 함께 신라의 삼국 통일을 위해 온 힘을 모았어.

 용선생 키워드 　☆김유신　 ☆김춘추　 ☆문희

---

[6] **오라버니** '오빠'를 다르게 부르는 말. [7] **헛되다** 아무 보람이 없다.

독해 학습

1 이 글을 읽고 알맞은 선을 그어 중심 문장을 완성해 보세요

중심
내용

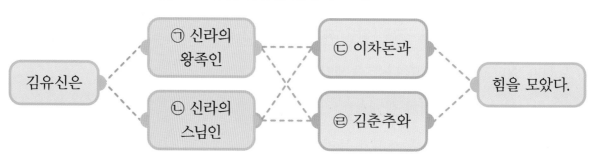

김유신은 — ㉠ 신라의 왕족인 / ㉡ 신라의 스님인 — ㉢ 이차돈과 / ㉣ 김춘추와 — 힘을 모았다.

2 이 글을 읽고 김춘추와 결혼한 김유신의 동생을 찾아 색칠해 보세요.

내용
이해

㉠ 가희   ㉡ 문희   ㉢ 보희

3 이 글의 김유신이 다음과 같이 말한다면 그 까닭은 무엇인가요? (   )

내용
이해

 어떻게 하면 김춘추 님과 더 가까운 사이가 될 수 있을까?

① 김춘추의 여동생을 보고 한눈에 반했기 때문이다.

② 김춘추와 축국을 하는 것이 매우 재밌었기 때문이다.

③ 김춘추의 집에는 튼튼하고 멋진 무기들이 많았기 때문이다.

④ 김춘추와 힘을 합쳐 신라를 더 강한 나라로 만들고 싶었기 때문이다.

4 이 글을 읽고 김유신에 대해 바르게 말한 사람을 <u>모두</u> 찾아 ○표 해 보세요.

인물
이해

㉠ 15살에 신라의 화랑이 되어 무리를 이끌었어.

㉡ 백제, 고구려와 싸울 때마다 앞장서며 공을 세웠어.

㉢ 김춘추의 찢어진 옷을 직접 꿰매 주었어.

5 빈칸을 채우며, 이 글의 내용을 정리해 보세요.

핵심
정리

신라 장군 ㉠ [ ][ ] 은 진골 귀족 출신으로, 화랑이 된 뒤 수

많은 전쟁에서 큰 공을 세웠다. 그는 신라의 왕족인 ㉡ [ ][ ] 와

자신의 동생을 결혼시기고 신라의 삼국 통일을 위해 힘썼다.

어휘 학습

6 낱말의 알맞은 뜻을 찾아 선으로 이어 보세요.

어휘
복습

(1) 활약 •   • ① 임금의 가족.

(2) 왕족 •   • ② '오빠'를 다르게 부르는 말.

(3) 오라버니 •   • ③ 눈길을 끌 만큼 뛰어난 활동.

7 빈칸에 공통으로 들어갈 알맞은 낱말을 골라 보세요. (   )

어휘
적용

• 국어학: 국어를 과학적으로 연구하는 [   ].

• 공부하다: [   ] 이나 기술을 배우고 익히다.

• 수련하다: 마음, 기술, [   ] 등을 바르게 닦다.

① 벼슬   ② 신분   ③ 왕족   ④ 학문

떨어진 별도 끌어올린 김유신

김유신 장군이 떨어진 별을 다시 끌어 올렸다지? 도대체 어떻게 한 걸까?

선덕 여왕이 나라를 다스릴 때, 백제와 고구려는 계속해서 신라를 공격했어.

"이 김유신이 살아 있는 한, 신라를 넘볼 생각은 꿈에서라도 하지 마라!"

김유신은 신라군이 불리해지면 혼자 말을 몰고 나가 적진으로 뛰어들기도 했어. 김유신의 활약으로 신라군도 사기가 크게 올라 적들을 힘차게 ❶무찌를 수 있었지.

어느 날, 김유신이 여러 달 동안 전쟁터를 누비고 집으로 돌아오는 길이었어.

"장군! 백제군이 또다시 쳐들어왔다고 합니다!"

김유신은 집으로 가던 발걸음을 멈추고 병사에게 자신의 집에서 물을 떠오게 했지.

"하하, 오랫동안 떠나 있었어도 우리 집 물맛은 변하지 않았군."

김유신은 물 한 잔만 마신 다음, 가족을 만나 보지도 않고 곧장 말머리를 돌려 또다시 전쟁터로 향했어. 이 모습을 본 병사들은 크게 감동했어.

"장군님도 우리와 똑같이 고생하시는데, 우리도 힘을 내자!"

이렇게 김유신은 나라를 지키기 위해 쉬지 않고 적들과 싸웠어.

---

❶ **무찌르다** 적을 쳐서 이기거나 없애다.

어느 날, 상대등이었던 ☆비담은 여자가 왕이라 주변 나라들이 신라를 ❷얕본다며 불만을 품고 ❸반란을 일으켰어. 하필 선덕 여왕이 병에 걸려 시름시름 ❹앓고 있을 때였지.

그때 별이 궁궐로 떨어졌어. 비담은 이것을 보고 크게 소리쳤지.

"병사들은 들어라! 별이 떨어진 곳에는 반드시 안 좋은 일이 생긴다고 한다. 이는 여왕이 질 ❺징조이다!"

비담의 말을 들은 반란군들은 싸움에서 벌써 이긴 것마냥 즐거워했어. 반대로 궁궐에서 왕을 지키던 군사들은 불안해졌어. 군사들은 걱정스런 표정으로 하늘만 바라볼 뿐이었지. 김유신은 군사들의 사기를 끌어올리기 위해 꾀를 냈어.

"이 ❻허수아비에 불을 붙이고 연에 매달아 하늘로 날려 보내라."

불붙은 허수아비가 밤하늘로 두둥실 떠오르자, 반짝이는 별이 다시 하늘로 올라가는 것 같았어.

"아니, 저것은……? 별이 다시 하늘로 올라간다!"

멀리서 이 모습을 본 반란군은 혼란에 휩싸였어. 김유신은 이때를 틈타 군사들에게 소리쳤지.

"지금이다! 반란군을 공격하라!"

김유신은 비담이 일으킨 반란을 지혜롭게 막아 냈어. 이후 선덕 여왕이 세상을 떠나자, 김유신은 김춘추와 함께 새로운 왕인 진덕 여왕을 모시고 신라를 굳건히 지켜 나갔어.

 ☆김유신 ☆비담

역사 사전

상대등
신라에서 최고 관직이야. 나랏일을 관리하며 신라의 귀족 회의를 이끄는 역할을 맡았지.

❷ **얕보다** 실제보다 낮추어 우습게 보다. ❸ **반란** 정부나 왕. 지도자를 몰아내려고 일으키는 싸움. ❹ **앓다** 병에 걸려 고통을 겪다. ❺ **징조** 어떤 일이 일어날 것을 미리 알려 주는 조짐이나 낌새. ❻ **허수아비** 새나 짐승을 쫓기 위해 막대기와 짚으로 사람처럼 만들어 논밭에 세워 둔 인형.

1 이 글의 중심 내용으로 알맞은 것은 무엇인가요? (   )

중심
내용

① 김유신 집의 물맛

② 선덕 여왕과 진덕 여왕의 우정

③ 나라 안팎으로 신라를 지켜 낸 김유신

④ 하늘의 별을 보고 점을 친 상대등 비담

2 이 글의 내용과 일치하면 O표, 일치하지 않으면 X표 해 보세요.

내용
이해

(1) 선덕 여왕과 진덕 여왕은 신라군을 장악한 김유신을 미워했다.   (   )

(2) 김유신은 가족들을 만나기 어려울 정도로 계속 전쟁터로 나가야 했다.   (   )

(3) 김유신은 신라군의 사기를 올리기 위해 혼자서 적진으로 뛰어든 적도 있다. (   )

3 다음 장면 이후에 김유신이 한 일로 알맞은 것은 무엇인가요? (   )

추론

보아라! 궁궐에 별이 떨어졌으니 여왕이 지고 우리가 이길 것이다!

비담

① 선덕 여왕을 죽이고 왕의 자리를 차지했다.

② 비담에게 항복해 상을 받고 높은 관직에 올랐다.

③ 병사들에게 별이 떨어지는 것은 자연스러운
   일이라고 설명해 주었다.

④ 불을 붙인 허수아비를 하늘로 날려 보내 별이
   다시 떠오르는 것처럼 꾸몄다.

4 이 글의 김유신이 다음과 같이 행동했다면 그 까닭은 무엇인가요? (   )

추론

> 김유신: 집에 거의 다 와 가는구나. 오랜만에 가족들을 볼 수 있겠군.
> 병사: 장군! 백제군이 또다시 쳐들어왔다고 합니다!
> 김유신: 너는 우리 집에 가서 물 한 바가지를 떠오너라.

① 물을 마셔야 건강해지기 때문이다.

② 나라를 지키는 일이 중요했기 때문이다.

③ 고구려군이랑 만나기로 약속했기 때문이다.

④ 가족보다 집의 물맛이 더 그리웠기 때문이다.

▶ 정답과 풀이 14쪽

5 빈칸을 채우며, 이 글의 내용을 정리해 보세요.

핵심
정리

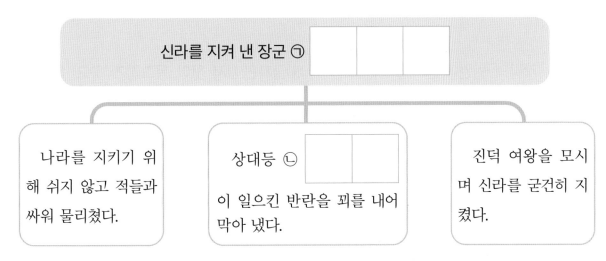

신라를 지켜 낸 장군 ㉠ ☐ ☐ ☐

나라를 지키기 위해 쉬지 않고 적들과 싸워 물리쳤다.

상대등 ㉡ ☐ ☐
이 일으킨 반란을 꾀를 내어 막아 냈다.

진덕 여왕을 모시며 신라를 굳건히 지켰다.

어휘 학습

6 낱말의 알맞은 뜻을 찾아 선으로 이어 보세요.

어휘
복습

(1) 징조 •

(2) 반란 •

(3) 무찌르다 •

• ① 적을 쳐서 이기거나 없애다.

• ② 정부나 왕, 지도자를 몰아내려고 일으키는 싸움.

• ③ 어떤 일이 일어날 것을 미리 알려 주는 조짐이나 낌새.

7 밑줄 친 낱말이 잘못 쓰인 문장을 골라 보세요. (   )

어휘
적용

① 감독은 선수의 축구 실력을 얕보며 칭찬해 주었다.

② 비가 올 징조가 보이자 창수는 서둘러 빨래를 걷었다.

③ 아버지는 감기에 걸려 이불을 뒤집어쓰고 끙끙 앓았다.

④ 기자들은 반란이 일어난 세계 곳곳을 취재하러 해외로 떠났다.

키워드 찾기 대작전!

▶ 정답 18쪽

용선생 15분 한국사 독해 1

💡 각각의 빈칸에 들어갈 키워드를 아래 글자판에서 찾아 동그랗게 묶고, 해당 번호를 써 보세요.

❶ 신라의 ○○ ○○은 황룡사 9층 목탑을 세웠어.

❷ 선덕 여왕 때에 별들의 움직임을 관찰하기 위해 ○○○를 만들었어.

❸ 고구려의 을지문덕은 ○○에서 수나라군을 크게 물리쳤어.
   └→ 평안북도 서남부를 흐르는 청천강의 옛 이름.

❹ 고구려는 안시성에서 ○○○의 침입을 막아 내었어.
   └→ 수나라의 뒤를 이어 중국을 통일한 나라.

❺ 김유신의 동생 ○○는 김춘추와 결혼했어.

❻ 김유신은 김춘추와 힘을 합쳐 ○○의 삼국 통일을 위해 힘썼어.

❼ 선덕 여왕이 나라를 다스릴 때에 상대등 ○○은 반란을 일으켰어.

❽ 선덕 여왕은 신라의 가장 높은 신분인 ○○ 출신이야.

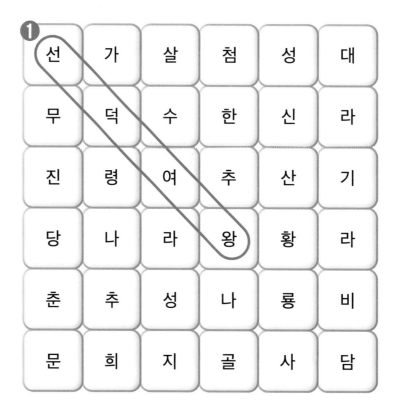

❶					
선	가	살	첨	성	대
무	덕	수	한	신	라
진	령	여	추	산	기
당	나	라	왕	황	라
춘	추	성	나	룡	비
문	희	지	골	사	담

기나긴 고구려와 백제, 신라의 전쟁!
과연 승자는 어느 나라가 될까?

6주

○ 648년
나당 동맹

○ 660년
백제 멸망

○ 668년
고구려 멸망

○ 676년
신라, 삼국 통일

26 김춘추, 신라를 위해 당나라와 손을 잡다!

김춘추는 고구려와 백제로부터 신라를 지키기 위해 어떤 나라와 동맹을 맺었을까?

신라가 한강을 독차지한[1] 뒤, 백제는 끈질기게 신라를 공격해 댔어. 신라 사람들은 저마다 나라를 걱정했지.

"백제에게 우리 성을 40개나 빼앗겼다지? 이러다가 큰일 나는 것 아냐?"

신라 백성들의 걱정은 현실이 되었어. 백제가 신라의 수도인 경주로 쳐들어가는 길목[2]에 위치한 대야성까지 빼앗은 거야. 이 와중에 대야성을 지키던 ☆김춘추의 딸과 사위도 목숨을 잃었어.

김춘추는 더 이상 신라가 백제에게 흔들리는 모습을 두고 볼 수 없었어. 김춘추는 고구려로 찾아가 도움을 요청했지.

"우리 신라에 군사를 빌려주시면, 이 땅에서 백제를 몰아내겠습니다."

"그래? 이전에 신라가 우리에게 빼앗아 간 땅을 돌려주면 군사를 빌려주지."

고구려의 실력자[3]였던 연개소문은 김춘추에게 무리한 요구를 했어. 그리고 김춘추가 고구려의 요구를 받아들이지 않자 가둬 버리기까지 했지. 김춘추는 가까스로 고구려를 탈출해 신라에 돌아올 수 있었어.

김춘추는 고구려와 동맹[4]을 맺는 데 실패했지만, 이대로 포기하지 않았어. 이번에는 중국 당나라로 발길을 돌렸지.

"폐하, 고구려와 백제의 침입으로 신라의 백성들이 큰 고통을 받고 있습니다. 부디 당나라의 군사를 보내 주십시오."

"너희 신라를 도와주면 우리가 얻는 것은 무엇이냐?"

"신라는 당나라와 힘을 합쳐 고구려와 백제를 공격하겠습니다."

김춘추의 말에 당나라의 황제는 크게 기뻐하며 말했어.

역사 사전

대야성

오늘날 경상남도 합천에 있었던 성이야. 신라와 백제가 맞닿아 있는 곳에 세워졌어. 신라가 백제의 침략을 막기 위해 쌓았다고 해.

---

❶ **독차지하다** 혼자서 모두 차지하다. ❷ **길목** 길의 중요한 통로가 되는 곳. ❸ **실력자** 실제로 권력을 가지고 있는 사람. ❹ **동맹** 나라나 단체가 힘을 합치기로 약속함.

"좋다. 우리와 힘을 합쳐 고구려와 백제를 무너뜨리자! 그리고 나서 대동

강 남쪽은 신라가, 대동강 북쪽은 당나라가 갖도록 하자!"

이렇게 신라와 당나라가 맺은 약속을 ☆나당 동맹이라고 해. 김춘추와

당나라는 동맹을 맺을 때 서로 다른 꿍꿍이가 있었어.

'고구려와 백제를 멸망시킨 뒤, 신라도 꿀꺽해야지!'

'당나라의 속셈을 모르지는 않지만 신라의

위기를 막아 내려면 어쩔 수 없어!'

당나라와 동맹을 맺고 돌아온 김춘추는

진덕 여왕의 뒤를 이어서 신라의 왕이 되었어.

왕이 된 김춘추를 ☆태종 무열왕이라고 불러.

"김유신 장군, 드디어 당나라에서 군사를 보내왔소!

당나라군과 함께 백제를 공격하시오!"

"예, 폐하! 신라를 위기에서 구해 내겠습니다!"

신라는 당나라군과 힘을 합쳐 백제를 공격했어. 드디어 신라의 반격이

시작된 거야.

☆김춘추(태종 무열왕)   ☆나당 동맹

---

❺ 꿍꿍이 남에게 드러내지 않고 속으로 어떤 일을 꾸미는 속셈. ❻ 반격 되받아 공격함.

1 이 글을 읽고 알맞은 선을 그어 중심 문장을 완성해 보세요.

중심
내용

김춘추는

㉠ 당나라와
㉡ 수나라와

㉢ 혼인을
㉣ 동맹을

맺었다.

2 이 글의 내용과 일치하지 <u>않는</u> 것은 무엇인가요? (　　　　)

내용
이해

① 백제는 신라의 성 40개를 빼앗았다.

② 신라는 백제에게 대야성을 빼앗겼다.

③ 대야성 전투에서 김유신의 딸과 사위가 목숨을 잃었다.

④ 고구려는 신라가 빼앗아 간 땅을 돌려주면 군사를 빌려주겠다고 했다.

3 이 글을 읽고 신문의 빈칸에 들어갈 알맞은 낱말을 써 보세요.

내용
적용

○○ **신문** ════════════════════════ 648년 ○○월 ○○일 ════

<속보> 신라, 당나라와 동맹 맺어

　신라와 당나라가 동맹을 맺고 백제와 고구려를 공격하기로 했다. 두 나라는

고구려와 백제를 무너뜨린 뒤 [　　　　　　] 남쪽은 신라가, 북쪽은 당나라가

차지하는 조건으로 동맹을 맺었다고 밝혔다.

4 이 글을 읽고 다음 질문에 대한 대답으로 알맞은 것을 골라 보세요. (　　　　)

추론

당나라는 김춘추와 동맹을 맺었을 때, 어떤 꿍꿍이를 가지고 있었을까?

① 신라 모르게 고구려와도 동맹을 맺으려고 했다.

② 백제를 도와 고구려와 신라를 무너뜨리려고 했다.

③ 백제와의 전쟁에 당나라군을 보내지 않으려고 했다.

④ 고구려와 백제부터 멸망시킨 뒤, 신라까지 차지하려고 했다.

5

핵심
정리

빈칸을 채우며, 이 글의 내용을 정리해 보세요.

	김춘추가 한 일
외교	• 고구려에 가 군사를 빌려 달라고 요청했으나 실패했다. • 중국 당나라로 가 ㉠ ☐☐ ☐☐ 을 맺었다.
정치	• 진덕 여왕의 뒤를 이어 왕이 되었다. 이렇게 왕이 된 김춘추를 ㉡ ☐☐ ☐☐☐ 이라고 부른다. • 당나라군과 힘을 합쳐 백제를 공격했다.

어휘 학습

6

어휘
복습

낱말의 알맞은 뜻을 찾아 선으로 이어 보세요.

(1) 반격 •   • ① 되받아 공격함.

(2) 동맹 •   • ② 혼자서 모두 차지하다.

(3) 독차지하다 •   • ③ 나라나 단체가 힘을 합치기로 약속함.

7

어휘
적용

빈칸에 들어갈 알맞은 낱말을 보기 에서 찾아 문장을 완성해 보세요.

보기   길목   반격   반란   실력자

(1) 겉으로 드러나지 않지만, 혜지는 이 팀의 숨은 ＿＿＿＿＿＿이다.
ㄴ, 실제로 권력을 가지고 있는 사람.

(2) 문경 새재는 옛날에 한양과 경상도를 잇는 중요한 ＿＿＿＿＿＿이었다.
ㄴ, 길의 중요한 통로가 되는 곳.

27 백제 장군 계백, 황산벌에서 스러지다!

계백과 김유신, 관창까지 자신들의 나라를 위해 목숨 걸고 싸우고 있어. 황산벌 전투에서 누가 이겼을까?

역사 사전

황산벌

충청남도 논산에 있는 넓은 벌판이야. 이곳에서 백제와 신라의 군대가 세차게 부딪쳤어.

신라와 당나라는 힘을 합쳐 백제에 쳐들어갔어. 13만 명의 당나라군은 바다를 건너, 5만 명의 신라군은 육로를 통해 백제에 쳐들어갔지.

"신라와 당나라 군대가 쳐들어온다니, 이를 어찌하면 좋겠소!"

백제 의자왕과 신하들이 허둥대는 사이 신라의 군대는 백제의 수도로 가는 길목에 다다랐어.

"믿을 건 계백 장군뿐이오! 어서 가서 신라의 군사들을 막아 주시오!"

계백은 백제 최고의 장군이야. 의자왕은 계백에게 군사들을 이끌고 가 신라군을 막을 것을 명령했지.

계백은 서둘러 모은 5천 명의 결사대를 이끌고 황산벌에 갔어. 그리고 사기가 떨어진 군사들을 향해 큰 소리로 말했어.

"옛날 중국에서는 군사 5천 명으로 70만 명의 적을 무찌르기도 했다. 우리라고 왜 못한단 말인가? 이곳 황산벌에서 우리의 힘을 보여 주자!"

"와아~!"

계백의 결사대는 이를 악물고 황산벌에서 신라군과 맞서 싸웠어. 병력 차이가 컸음에도 불구하고 백제는 4차례나 승리를 거두었지. 하지만 김유신이 이끄는 신라군도 쉽게 물러서지 않았어.

"계백과 백제군의 기세가 만만치 않구나. 저들과 맞서 싸우려면 신라 장수들도 목숨을 버릴 각오를 해야 한다!"

"김유신 장군, 제 아들에게 이 일을 맡겨 주십시오."

---

❶ **육로** 땅에 난 길. ❷ **허둥대다** 어찌할 줄을 몰라 갈팡질팡하며 다급하게 서두르다. ❸ **결사대** 죽기를 각오하고 있는 힘을 다할 것을 결심한 사람으로 이루어진 부대나 무리. ❹ **병력** 군대를 이루는 사람의 숫자.

신라의 품일 장군은 화랑이었던 아들 ☆관창을 불렀어.

"너는 비록 어리지만, 화랑으로서 나라를 위해 충성을 다해라!"

관창은 아버지의 말에 홀로 씩씩하게 백제 진영으로 뛰어들었어. 관창은 순식간에 백제군에게 사로잡혔지만, 계백은 나이 어린 관창을 돌려보냈지. 하지만 관창은 또다시 백제 진영에 뛰어늘어 삽히고 말았어.

"다시 살려 주면 또 올 것이냐?"

"당연하다. 나는 신라의 화랑이다! 어서 죽여라!"

계백은 안타까워하며 관창의 머리를 베어 신라군으로 돌려보냈어. 관창의 머리를 받아 든 김유신과 신라군은 모두 슬퍼하며 ⑤투지를 불태웠지.

"어린 아이도 나라를 위해 목숨을 바쳤는데 우리라고 못할 것이 있느냐! 관창의 죽음을 헛되게 하지 말라!"

신라군은 백제군을 향해 총공격을 퍼부었어. 계백의 결사대도 도저히 당해 낼 수가 없었지.

"아! 더는 신라군을 막지 못하겠구나!"

결국 백제군은 ☆황산벌 전투에서 패하고 말았어. 결사대를 이끌었던 계백도 황산벌에서 ⑥스러지고 말았지.

용선생 키워드   ☆계백   ☆관창   ☆황산벌 전투

---

⑤ **투지** 싸우고자 하는 굳센 마음. ⑥ **스러지다** 형체나 기운이 사라지다.

1 이 글의 중심 내용으로 알맞은 것은 무엇인가요? (   )

중심
내용

① 백제의 수도를 정복한 김유신

② 5천 명 결사대를 꾸린 의자왕

③ 나라를 위해 목숨을 바친 김유신

④ 황산벌에서 신라군과 맞서 싸운 계백

2 이 글의 계백이 다음과 같이 말한 까닭으로 알맞은 것을 <u>모두</u> 골라 보세요. (,   )

내용
이해

> 옛 중국에서는 5천 명의 군사로 70만 명의 적을 무찔렀다!

① 황산벌에서 싸울 백제의 군사가 신라 군사보다 훨씬 많았기 때문이다.

② 백제 군사들이 계백에게 옛날이야기를 해 달라고 매번 졸랐기 때문이다.

③ 계백의 5천 명의 결사대가 훨씬 많은 수의 신라군과 맞서 싸워야 했기 때문이다.

④ 적은 수의 군사가 대군을 물리친 이야기를 통해 병사들의 사기를 올려 주기 위해서이다.

3 이 글을 연극으로 만들었어요. 각 인물의 대사로 알맞지 <u>않은</u> 것을 골라 보세요. (   )

내용
적용

① 계백: 5천 명의 백제 결사대여, 나를 따르라!

② 관창: 아버지, 전쟁이 너무 무서워요. 집으로 갈래요!

③ 의자왕: 신라와 당나라가 손을 잡고 쳐들어오다니! 큰일이구나!

④ 김유신: 황산벌 전투에서 백제군의 기세를 꺾어 놓을 좋은 방법이 없을까?

4 다음 기자의 질문에 대한 관창의 대답으로 알맞은 것은 무엇인가요? (   )

내용
적용

> 백제 진영에 홀로 뛰어든 이유는 무엇인가요?

① 백제의 장군 계백에게 항복하기 위해서입니다.

② 화랑으로서 목숨을 바쳐 나라에 충성하기 위해서입니다.

③ 김유신 장군이 제 아버지를 무섭게 협박했기 때문입니다.

④ 백제의 진영이 그쪽인 줄도 모르고 잘못 뛰어간 것입니다.

5 빈칸을 채우며, 이 글의 내용을 정리해 보세요.

핵심
정리

㉠ [ ] [ ] 은 5천 명의 결사대를 이끌고 황산벌로 나아가 신라군에 맞서 싸웠다.

⬇

백제 진영에 여러 차례 뛰어든 신라의 화랑 ㉡ [ ] [ ] 을 없앴다.

⬇

계백과 결사대는 신라군의 총공격을 받고 끝내

㉢ [ ] [ ] [ ] 전투에서 패하고 말았다.

6 낱말의 알맞은 뜻을 찾아 선으로 이어 보세요.

어휘
복습

(1) 육로 • • ① 땅에 난 길.

(2) 투지 • • ② 싸우고자 하는 굳센 마음.

(3) 결사대 • • ③ 죽기를 각오하고 있는 힘을 다할 것을 결심한 사람으로 이루어진 부대나 무리.

7 밑줄 친 낱말의 알맞은 뜻을 골라 번호를 써 보세요.

어휘
적용

병력	① 군대의 인원. 또는 그 숫자. 예 미국은 아프가니스탄에 머물던 **병력**을 철수시켰다. ② 지금까지 앓은 병. 예 의사는 검사 전 환자의 **병력**을 먼저 확인했다.

(1) 수나라는 고구려와의 전쟁에서 많은 <u>병력</u>을 잃고 말았다. (   )

(2) 어머니는 과거에 심장병을 앓은 <u>병력</u>이 있어 늘 조심하신다. (   )

28

의자왕,
백제의 마지막 왕이 되다

> 의자왕도 나처럼 노는 것을 좋아했다지? 의자왕이 다스리던 백제는 어떻게 되었을까?

✿의자왕은 백제를 강하게 만들었던 무왕의 아들이야. 의자왕은 아버지를 이어 왕이 된 뒤, 신라를 여러 차례 공격해서 영토를 넓혔어. 하지만 시간이 지날수록 나라를 다스리기보다는 술을 마시고 노는 일에만 정신을 팔기 시작했지.

"하하! 술을 더 가져오너라~"

"폐하, 술을 드실 때가 아니옵니다. 호시탐탐❶ 우리를 노리는 당나라와 신라의 공격에 대비해야 합니다."

신하들은 의자왕에게 나랏일에 신경을 써야 한다고 충고했어. 하지만 의자왕은 충성스러운 신하들을 쫓아내 버렸지.

어느덧 의자왕 주위엔 간신❷들만 남게 되었어.

"하하하. 신라 따위가 백제를 공격한다니 말이 되는 소리인가?"

"그렇지요. 폐하께서 나라를 잘 다스리시니 평화롭기만 합니다."

그러던 어느 날, 귀신 하나가 궁궐에 들어와 소리쳤어.

"백제는 망한다. 백제는 망한다!"

백제 수도인 사비의 곳곳에서도 이상한 일들이 일어났어. 우물의 물이 핏빛이 되고, 개구리 수만 마리가 나무에 오르기도 했지. 아니나 다를까 큰일이 일어나고 말았어.

"폐…… 폐하! 신라와 당나라군이 힘을 합쳐 백제로 쳐들어오고 있습니다!"

"일단 궁궐에서 피하십시오!"

역사 사전

웅진성

웅진성은 오늘날 충청남도 공주시에 있는 성으로, 백제의 두 번째 수도야. 백제는 고구려의 장수왕이 수도 위례성에 쳐들어오자 남쪽의 웅진으로 수도를 옮겼어. 이후 성왕 때 웅진성보다 넓은 사비(오늘날 충청남도 부여군)로 수도를 옮겨 발전하려고 노력했어.

---

❶ **호시탐탐** 남의 것을 빼앗기 위해 기회를 엿봄. ❷ **간신** 임금을 속이고 자기 잇속만 차리는 못된 신하.

의자왕은 계백마저 황산벌에서 패배하자[3]
수도인 사비성을 버리고 다급히[4] 옛 수도였던
웅진성으로 도망갔어.

"백제의 수도 사비성을 에워싸라!"

신라와 당나라 연합군[5]은 사비성을 둘
러싸고 마구 공격했어. 마침내 당나라군이
사비성의 성벽을 넘자, 놀란 귀족과 백성
들은 곧바로 나당 연합군에 항복했지.

"의자왕을 잡아라! 의자왕만 잡으면 된다!"

수도 사비가 무너지자 연합군은 웅진성으로 몰려갔어.

"이제 더 도망갈 곳도 없구나. 항복하겠소!"

얼마 지나지 않아 웅진성에 있던 의자왕도 나당 연합군에 항복했어. 이
때 당나라군은 의자왕과 왕족, 백제의 백성들을 포로로 끌고 갔지. 이렇
게 660년 ☆백제는 멸망해 역사 속으로 사라지게 되었어.

☆의자왕   ☆백제 멸망

---

❸ **패배하다** 겨루어서 지다. ❹ **다급히** 일이 닥쳐서 매우 급하게. ❺ **연합군** 전쟁에서 둘 이상의 나라가 합쳐 구성한
군대.

1 이 글의 중심 내용을 바르게 말한 사람을 찾아 O표 해 보세요.

중심
내용

㉠ 백제의 멸망

㉡ 중국을 통일한 당나라

㉢ 백제를 발전시킨 의자왕

2 이 글을 읽고 다음 장면 이후에 일어난 일로 알맞은 것을 골라 보세요. (   )

추론

백제는 망한다!

귀신

① 무령왕의 무덤을 만들었다.

② 백제가 수도를 웅진에서 사비로 옮겼다.

③ 신라와 당나라 연합군이 백제에 쳐들어왔다.

④ 김유신이 선덕 여왕을 도와 비담의 반란을 막아 냈다.

3 이 글의 의자왕에 대한 내용과 일치하면 O표, 일치하지 않으면 X표 해 보세요.

인물
이해

(1) 의자왕은 나당 연합군에 항복한 뒤 당나라에 포로로 끌려갔어.   (   )

(2) 의자왕은 충성스러운 신하들의 따끔한 충고를 모두 귀담아들었어.   (   )

(3) 의자왕은 왕이 된 직후에는 신라를 공격해 영토를 넓히기도 했어.   (   )

4 이 글을 읽고 일이 일어난 순서대로 기호를 써 보세요.

내용
이해

㉠ 신라와 당나라 연합군이 백제에 쳐들어왔다.

㉡ 의자왕이 웅진에서 신라와 당나라 연합군에 항복했다.

㉢ 의자왕은 신라와 당나라 연합군을 피해 웅진성으로 도망쳤다.

(   ) ➡ (   ) ➡ (   )

5

핵심
정리

빈칸을 채우며, 이 글의 내용을 정리해 보세요.

> 백제의 ㉠ ☐☐☐ 이 충성스런 신하들을 멀리하고 나라도 잘 돌보지
>
> 않자 이때를 틈타 적들이 쳐들어왔다. 결국 백제는 ㉡ ☐☐ 와 당나라 연합
>
> 군의 공격을 막아 내지 못하고 멸망했다.

6

어휘
복습

낱말의 알맞은 뜻을 찾아 선으로 이어 보세요.

(1) 간신 • • ① 겨루어서 지다.

(2) 연합군 • • ② 임금을 속이고 자기 잇속만 차리는 못된 신하.

(3) 패배하다 • • ③ 전쟁에서 둘 이상의 나라가 합쳐 구성한 군대.

7

어휘
적용

빈칸에 들어갈 알맞은 고사성어를 써 넣어 문장을 완성해 보세요.

호랑이와 관련된 고사성어	• 용호상박: 용과 호랑이가 서로 비슷하게 싸운다는 뜻으로 강한 자들끼리 서로 싸움을 이름. 예 두 탁구 선수의 경기는 **용호상박**이었다. • 호시탐탐: 호랑이가 먹이를 바라보며 노린다는 뜻으로 남의 것을 빼앗기 위해 기회를 엿봄. 예 일본은 **호시탐탐** 조선 침략의 기회를 엿봤다.

(1) 길고양이가 생선 가게의 고등어를 ＿＿＿＿＿＿＿＿＿ 노리고 있다.

(2) 두 대통령 후보는 지지율을 두고 ＿＿＿＿＿＿＿＿＿의 경쟁을 벌였다.

동아시아 대국 고구려가 무너지다!

나처럼 튼튼하고 강했던 고구려가 무너지다니! 고구려가 약해진 이유는 무엇일까?

백제를 무너뜨린 당나라는 지치지도 않고 곧바로 고구려를 공격했어. 하지만 고구려 최고의 권력자❶ 연개소문이 이끄는 고구려를 쉽게 무너뜨리지는 못했어.

"연개소문이 있는 한 고구려를 넘볼 수 없는 것인가!"

그러나 연개소문도 나이가 들어 죽음을 앞두게 되었어. 연개소문은 자식들을 불러 모아 말했지.

"당나라는 계속해서 우리 고구려를 무너뜨리려 하고 있다. 너희 형제들은 서로 사이좋게 지내며 힘을 합쳐 고구려를 잘 지키도록 해라."

연개소문은 남생, 남건, 남산 세 아들에게 사이좋게 지내라는 말을 남기고는 세상을 떠났어. 하지만 연개소문이 죽은 지 얼마 되지 않아, 주변 사람들이 형제 사이를 이간질해❷ 갈라놓으려고 했지.

"남생 님이 동생들을 의심해❸ 죽이려고 합니다."

"두 동생들이 형을 시기해❹ 군사를 일으키려고 합니다."

연개소문의 세 아들은 서로를 의심하기 시작했어. 결국 동생들은 형 남생을 없애기 위해 군사를 일으켰어.

"이럴 수가! 동생들이 나를 죽이려 하다니! 이대로 당할 순 없다. 당나라로 도망가 복수해야겠다!"

남생은 당나라로 가서 항복했어. 그리고 당나라의 고구려 정벌❺을 돕겠다고 했지.

"당나라가 고구려를 치는 데 제가 앞장서겠습니다."

---

❶ **권력자** 남을 자신의 뜻대로 움직일 수 있는 힘을 가진 사람. ❷ **이간질하다** 두 사람이나 나라 사이에서 서로를 헐뜯어 멀어지게 하다. ❸ **의심하다** 확실히 알 수 없어 믿지 못하다. ❹ **시기하다** 남이 잘되는 것을 샘내어 미워하다. ❺ **정벌** 군사를 이용해 적을 침.

당나라는 고구려 내부가 분열된 기회를 놓치지 않고 고구려로 쳐들어갔어. 그러자 고구려의 성들은 줄줄이 무너져 당나라에 항복했지. 마침내 당나라군은 고구려의 수도인 평양성을 에워쌌어. 신라군도 당나라군과 힘을 합쳐 평양성을 공격했지.

"고구려는 이서 항복해 전쟁을 끝내리!"

"어림없는 소리! 끝까지 평양성을 지켜 낼 것이다!"

평양성은 신라와 당나라 연합군의 수차례 공격에도 끄떡없이 버텼어. 하지만 계속된 전쟁으로 평양성 내부의 사정은 갈수록 나빠졌지. 사람들의 의견도 둘로 나뉘어 다투게 되었어.

"식량이 다 떨어져 갑니다. 항복해 전쟁을 끝냅시다."

"항복이라니요? 끝까지 맞서 싸워야 합니다!"

결국 성안에 배신자가 나타나 몰래 평양성 문을 열어 주면서 고구려는 나당 연합군에게 무너지고 말았어. 이렇게 668년 고구려는 멸망하고 말았지.

용선생 키워드 　✖연개소문　✖고구려 멸망

───────────────

❻ **분열되다** 하나가 여럿으로 갈라져 나뉘게 되다. ❼ **사정** 일의 형편. 또는 일이 일어난 까닭.

1 이 글의 중심 내용으로 알맞은 것은 무엇인가요? (   )

중심
내용

① 고구려의 분열과 멸망

② 당나라와 신라의 갈등

③ 신라에 항복한 연개소문

④ 연개소문의 자식 교육 방법

2 이 글의 내용과 일치하면 O표, 일치하지 않으면 X표 해 보세요.

내용
이해

(1) 고구려의 연개소문은 계속된 당나라의 공격에도 이겨 내었다.   (   )

(2) 신라군과 당나라군은 함께 고구려의 수도인 평양성을 공격했다.   (   )

(3) 연개소문의 세 아들은 주변의 이간질에도 흔들리지 않고 서로를 믿었다.   (   )

3 연개소문의 큰아들 남생이 다음과 같이 말한다면 그 까닭은 무엇인가요? (   )

내용
이해

> 저 남생은 당나라 황제 폐하께 항복하겠습니다.

① 고구려와 당나라의 전쟁을 막기 위해서이다.

② 당나라에 사랑하는 아내가 있었기 때문이다.

③ 자신을 죽이려 한 동생들에게 복수하기 위해서
이다.

④ 연개소문이 당나라에 항복하라는 유언을 남겼기
때문이다.

4 이 글을 읽고 다음 장면 이후에 벌어질 일로 알맞은 것을 골라 보세요. (   )

추론

> 고구려 성들을 무너뜨렸다! 이젠 평양성이다!
>
> 함께 평양성을 공격합시다!
>
> 당나라 장군   신라 장군

① 평양성이 무너지면서 고구려가 멸망했다.

② 신라와 백제가 힘을 합쳐 고구려를 물리쳤다.

③ 신라와 당나라 연합군이 평양성에서 후퇴했다.

④ 고구려는 백제와 힘을 합쳐 당나라군을 공격
했다.

5 빈칸을 채우며, 이 글의 내용을 정리해 보세요.

핵심
정리

고구려는 ㉠ [　　　　　] 을 중심으로 당나라의 공격을 막아 냈다.

⬇

그가 죽자 그의 세 아들이 다퉈 고구려는 분열하기 시작했다.

⬇

신라와 당나라의 연합군이 고구려의 수도인 ㉡ [　　　　] 을
무너뜨리면서, 고구려는 멸망했다.

어휘 학습

6 뜻풀이에 알맞은 낱말을 골라 ○표 해 보세요.

어휘
복습

(1) 군사를 이용해 적을 침. ··· (정벌 / 항복)

(2) 남이 잘되는 것을 샘내어 미워하다. ···························· (격려하다 / 시기하다)

(3) 하나가 여럿으로 갈라져 나뉘게 되다. ························· (분열되다 / 통일되다)

7 보기 에서 알맞은 낱말을 찾아 밑줄 친 말을 바꾸어 써 보세요.

어휘
적용

| 보기 | 권력자 | 분열 | 사정 | 이간질 |

(1) 누가 우리 둘 사이를 서로 헐뜯어 멀어지게 하는 것 같아.

➡ 누가 우리 둘 사이를 (　　　　　)하는 것 같아.

(2) 내 친구 보람이는 항상 남의 일의 형편을 헤아려 생각한다.

➡ 내 친구 보람이는 항상 남의 (　　　　　)을 헤아려 생각한다.

29 회차 **133**

신라, 삼국 통일을 완성하다!

신라의 김춘추가 당나라와 동맹을 맺을 때 두 나라는 약속했어.

"힘을 합쳐 백제와 고구려를 무너뜨린 뒤 대동강 남쪽은 신라가, 대동강 북쪽은 당나라가 차지하기로 합시다!"

하지만 당나라는 백제와 고구려의 땅뿐만 아니라 신라의 땅까지 차지할 욕심을 드러냈어. 신라는 당나라를 두고 볼 수 없었지.

"당나라에 우리 땅을 빼앗길 수 없소! 백제와 고구려 유민들에게 도움을 요청합시다!"

백제와 고구려의 유민들은 신라의 간절한 요청에 마음이 움직였어.

"당나라의 지배를 받을 순 없지. 우리도 함께 싸우겠소!"

신라는 백제, 고구려 유민들과 힘을 합쳐 한반도에서 당나라 군대를 공격하기 시작했어. 신라와 당나라의 길고 긴 전쟁이 시작된 거야.

"전하, 당나라의 군사들이 매소성에 머물고 있습니다."

"때가 왔다! 신라군이여, 목숨을 바쳐 당나라 군대를 공격하라!"

신라군은 온 힘을 다해 당나라군을 공격했어. 그 결과 매소성 전투에서 큰 승리를 거둘 수 있었지.

"당나라군이 도망가느라 버리고 간 말만 3만 마리입니다!"

"버리고 간 무기들을 보세요! 한가득이에요!"

당나라는 매소성 전투에서 패배하자 기세가 한풀 꺾였어. 하지만 쉽게 포기하지 않고 바다를 통해 다시 쳐들어왔지. 당나라는 기벌포에 많은 수군을 보내 신라를 공격했어.

드디어 마지막 이야기야! 기나긴 삼국의 전쟁도 막바지에 이르렀어. 과연 최후의 승자는 어느 나라일까?

역사 사전

매소성과 기벌포
매소성은 신라가 당나라와의 전투에서 승리를 거둔 곳이야. 지금의 경기도 연천 부근으로 추정하고 있어. 기벌포는 지금의 금강 하구를 말해. 여기서 신라의 수군이 당나라의 수군을 크게 무찔렀어.

❶ 욕심 어떤 것을 지나치게 탐내거나 누리고자 하는 마음. ❷ 유민 망하여 없어진 나라의 백성. ❸ 수군 바다에서 나라를 지키는 군대.

" 건방진 신라 놈들에게 당나라의 무서움을 보여
주자!"

"당나라군이 우리 땅에 발도 못 붙이도록 하라!"

신라와 당나라는 엎치락뒤치락하며 계속 싸웠어.
신라는 수십 차례의 전투에서 이기며 승기를 잡게
되었지.

"길고 긴 전쟁의 끝이 보이는구나! 신라군이여, 조금
더 버텨라! 여기서 이기면 당나라와의 전쟁은 끝난다!"

"으악~. 도저히 신라를 이길 수 없구나! 후퇴다!"

☆기벌포 전투에서 진 당나라군은 대동강 남쪽 지역에
서 완전히 떠났어. 신라가 수년간 계속되었던 당나라와의
전쟁에서 승리를 거둔 거야. 이렇게 신라는 676년 한반도
에서 당나라 군대를 몰아내고 ☆삼국 통일을 완성할 수 있었어.

 용선생 키워드 ☆매소성 전투 ☆기벌포 전투 ☆삼국 통일

---

❹ 건방지다 잘난 체하거나 남을 낮추어 보듯이 행동하다. ❺ 승기 이길 수 있는 기회.

1 이 글을 읽고 다음 문장에 들어갈 알맞은 말을 골라 ○표 해 보세요.

중심
내용

> 신라는 매소성과 기벌포에서 (**당나라** / 수나라) 군대를 물리치고 삼국을 통일했다.

2 이 글의 신라 왕이 다음과 같이 말한다면 그 까닭은 무엇인가요? (   )

내용
이해

> 백제와 고구려 유민에게 도움을 요청해 당나라와 맞서 싸웁시다!

① 당나라가 대동강 북쪽 땅만 다스리려고 했기 때문이다.
② 신라가 당나라가 가진 땅 모두를 차지하고 싶었기 때문이다.
③ 당나라가 약속을 어기고 신라의 땅까지 차지하려고 했기 때문이다.
④ 당나라의 힘이 약해진 틈을 타 당나라의 수도를 공격하기 위해서이다.

3 빈칸에 들어갈 알맞은 지역을 다음 지도에서 찾아 기호를 써 보세요.

지도
읽기

> 신라는 [   ]에서 당나라군과 싸워 크게 이겼다. 이때 신라는 당나라군이 버리고 간 말 3만 마리를 얻을 수 있었다.

4 이 글을 영화로 만들었어요. 영화의 장면을 순서대로 나열해 보세요.

내용
적용

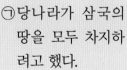

ⓐ당나라가 삼국의 땅을 모두 차지하려고 했다.

ⓑ신라가 매소성에서 당나라군에게 크게 이겼다.

ⓒ신라가 삼국 통일을 완성했다.

ⓓ신라가 기벌포에서 당나라 수군을 무찔렀다.

(㉠) ➡ (   ) ➡ (   ) ➡ (   )

5 빈칸을 채우며, 이 글의 내용을 정리해 보세요.

핵심
정리

당나라가 백제와 고구려뿐만 아니라 신라 땅까지 차지하려고 하자 신라가

매소성과 ㉠ [| |] 전투에서 당나라군을 크게 물리쳤다. 이렇게

신라는 한반도에서 당나라를 몰아내고 삼국을 ㉡ [|] 했다.

어휘 학습

6 낱말의 알맞은 뜻을 찾아 선으로 이어 보세요.

어휘
복습

(1) 수군 •

(2) 유민 •

(3) 승기 •

• ① 이길 수 있는 기회.

• ② 망하여 없어진 나라의 백성.

• ③ 바다에서 나라를 지키는 군대.

7 밑줄 친 낱말이 잘못 쓰인 문장을 골라 보세요. (   )

어휘
적용

① 먹을 것에 <u>욕심</u> 많은 하다가 과자를 한가득 사왔다.

② 이순신은 조선 <u>수군</u>을 이끌고 일본군의 배를 공격했다.

③ 김 선생님은 항상 겸손하고 <u>건방진</u> 말투로 환자들을 대했다.

④ 영호는 상대방의 빈틈을 공격해 바둑 경기에서 <u>승기</u>를 잡았다.

키워드로 비밀 숫자 찾기!

▶ 정답 18쪽

💡 **각각의 빈칸에 들어갈 키워드를 아래 글자판에서 찾아 색칠하고, 숨겨진 비밀 숫자를 알아내 보세요.**

❶ 김춘추의 활약으로 신라와 당나라가 맺은 동맹을 ○○ 동맹이라고 해.

❷ 진덕 여왕의 뒤를 이어 신라의 왕이 된 김춘추를 태종 ○○왕이라고 해.

❸ 황산벌에서 신라군과 맞서 싸우기 위해 5천 명의 결사대를 이끌고 떠난 백제의 장군이야.

❹ 나라를 다스리는 데에 소홀했던 백제의 마지막 왕이야.

❺ 남생, 남건, 남산의 아버지이야. 고구려 최고의 권력자 연○○○이지.

❻ 당나라는 고구려 내부가 ○○된 기회를 놓치지 않고 고구려를 공격해 멸망시켰어.
  ↳ 하나가 여럿으로 갈라져 나뉨.

❼ 신라는 당나라를 몰아내고 삼국을 ○○ 했어.

삭	김	춘	추	산	진
개	유	통	계	백	덕
소	신	일	축	제	여
문	유	나	당	의	려
무	축	문	희	자	나
열	복	분	열	왕	제

▶ 비밀 숫자는 바로 _____!

사진 제공

8 주먹 도끼(국립중앙박물관) | 9 구석기 시대 동굴(국가유산청) | 12 신석기 시대 암사동 움집(북앤포토), 갈돌과 갈판(국립중앙박물관) | 13 빗살무늬 토기(국립중앙박물관) | 14 청동 방울(삼성리움미술관), 반달 돌칼(국립중앙박물관), 청자 상감 운학문 매병(간송미술문화재단) | 17 고인돌(북앤포토) | 18 청동 거울(북앤포토), 청동 검(국립중앙박물관) | 54 파사 석탑(북앤포토) | 57 칠지도(북앤포토) | 98 첨성대(북앤포토)

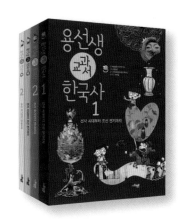

용선생 15분
한국사 독해

정답과 풀이

1

우리 역사의 시작 ~ 삼국 시대

사회평론

01 구석기 시대, 라라네 가족의 저녁

본문 8~11쪽

독해 학습

1 ④　　　　　　2 ②, ③
3 ①　　　　　　4 (1) ⓒ (2) ㉠
5 ㉠ 구석기 ⓒ 이동

어휘 학습

6 (1) ③ (2) ② (3) ①　　7 ②

독해 학습

1 이 글은 라라네 가족의 저녁 식사 과정을 통해 구석기 시대 사람들이 어떻게 살았는지를 보여 주고 있습니다.

2 라라네 가족은 뗀석기로 동물을 사냥해 고기를 구워 먹고 그 가죽으로 이불을 만들었습니다.

  오답 피하기

  ① 쌀은 청동기 시대부터 수확한 곡식입니다.
  ④ 구석기 시대 사람들은 조개와 식물 뿌리를 캐 먹거나 나무의 열매를 따서 먹기도 했습니다.

3 구석기 시대 사람들은 동굴이나 바위 그늘 등을 찾아다니며 생활했습니다.

4 (1) 돌을 깨뜨리거나 떼어 내어 끝을 날카롭게 만든 도구로, 사냥도 하고 고기도 자를 수 있는 것은 뗀석기입니다. 뗀석기의 대표적인 도구로 주먹 도끼가 있습니다.
  (2) 구석기 시대 사람들은 이동 생활을 하며 자연적으로 생긴 큰 굴인 동굴에서 살았습니다.

5 ㉠ 구석기 시대 사람들은 돌을 깨뜨려 만든 뗀석기를 사용해 사냥을 하고 나무 열매와 식물 뿌리, 조개 등을 채집해 먹었습니다. 또한 머무르는 지역에 먹을거리가 부족해지면 다른 동굴이나 바위 그늘로 떠나는 ⓒ 이동 생활을 했습니다.

어휘 학습

7 '어떤 기준에 의해 구분된 일정한 기간'이라는 뜻을 가진 낱말은 '시대'입니다.

---

02 신석기 시대, 노리의 바쁜 하루

본문 12~15쪽

독해 학습

1 ㉠ 움집 ⓒ 농사　2 간석기　　3 ②
4 ③　　　　　5 ㉠ 정착 ⓒ 빗살무늬

어휘 학습

6 (1) 정착하다 (2) 낟알 (3) 수확하다
7 (1) 토기 (2) 작살

독해 학습

1 신석기 시대 사람들은 강 주변에 움집을 만들어서 살고 농사를 지었습니다. 이들은 농사를 지으면서 자연스럽게 한 곳에 집을 짓고 정착해 살게 되었습니다.

2 신석기 시대의 대표적인 도구는 간석기입니다. 간석기는 돌을 원하는 모양으로 갈아서 만든 것으로 사냥이나 일상생활 등에서 다양하게 사용했습니다.

3 신석기 시대에는 빗살무늬 토기를 사용해 수확한 곡식을 보관했습니다.

  오답 피하기

  ① 청동 방울은 청동기 시대에 군장이 제사를 지낼 때 사용했습니다.
  ③ 반달 돌칼은 청동기 시대에 곡식을 수확할 때 사용했습니다.
  ④ 청자는 푸른 빛깔의 도자기입니다. 중국에서 처음 만들어졌으며 한국에도 전해져 고려 시대에 크게 발전했습니다.

4 신석기 시대 사람들은 농사를 짓기 시작하면서 움집을 짓고 한 곳에서 머물러 사는 정착 생활을 했습니다.

  오답 피하기

  ④ 여기저기 돌아다니면서 이동 생활을 했던 시기는 구석기 시대입니다.

5 신석기 시대 사람들은 강 주변에 움집을 짓고 살았습니다. 그리고 곡식 농사를 짓고 이를 수확하면서 한 곳에 머무르는 ㉠ 정착 생활을 했습니다. 이들은 돌을 갈아서 만든 간석기를 사용하고 ⓒ 빗살무늬 토기에 수확한 곡식을 보관했습니다.

03 청동기 시대, 고인돌에 묻힌 해미르 군장!

본문 16~19쪽

독해 학습

1 ㉡, ㉢
2 ③, ④
3 ①
4 (1) ○ (2) X (3) ○
5 ㉠ 청동 ㉡ 고인돌

어휘 학습

6 (1) ③ (2) ① (3) ②
7 ②

독해 학습

1 청동기 시대에는 고인돌에 군장 같은 지배층을 묻었고, 청동 거울, 청동 방울 등 청동으로 만든 물건을 사용했습니다.

2 청동기 시대의 군장은 마을의 지도자이면서 제사장이기도 했습니다. 군장은 제사를 지낼 때 청동 거울과 청동 검 등을 사용했습니다.

오답 피하기

① 갈돌과 갈판은 신석기 시대 사람들이 곡식을 갈 때 사용했던 간석기입니다.
② 주먹 도끼는 구석기 시대 사람들이 사냥에 사용했던 뗀석기입니다.

3 청동기 시대에는 군장 같은 지배층만이 고인돌에 묻힐 수 있었습니다.

4 (2) 고인돌에는 군장이 살아있을 때 쓰던 청동 검, 청동 방울 등도 함께 묻었습니다.

5 청동기 시대에 군장은 마을의 지도자 역할과 제사장의 역할을 모두 했습니다. 그리고 청동 검, 청동 거울 등 ㉠ 청동으로 만든 물건을 사용했습니다. 군장은 죽고 난 뒤, 지배층만의 무덤인 ㉡ 고인돌에 묻혔습니다.

어휘 학습

7 '존경하다'는 어떤 사람의 인격, 사상 등을 우러르고 받들어 모신다는 뜻입니다. 아이들은 약속을 매번 어기는 친구를 존경하지는 않을 것입니다.

04 단군왕검, 우리나라 역사를 열다

본문 20~23쪽

독해 학습

1 ②
2 ④
3 (1) 사자 → 호랑이 (2) 환웅 → 단군왕검
4 웅녀
5 ㉠ 단군왕검 ㉡ 고조선

어휘 학습

6 (1) ③ (2) ② (3) ①
7 ②

독해 학습

1 곰과 호랑이가 환웅에게 사람이 되고 싶다고 했습니다. 그러자 환웅은 100일 동안 햇빛을 보지 않고 쑥과 마늘을 먹으면 인간이 될 것이라고 했습니다. 곰과 호랑이는 함께 어두운 동굴에 들어가 버티기 시작했지만 호랑이는 얼마 지나지 않아 포기했고 곰은 참고 버텨 내어 인간이 되었습니다.

2 환웅은 아버지인 하늘 신의 허락을 받은 뒤 바람, 비, 구름을 다스리는 신하들을 데리고 인간 세상에 내려왔습니다.

오답 피하기

① 쑥과 마늘을 먹고 사람이 된 것은 웅녀입니다.
③ 단군왕검은 고조선을 세워 1,500년간 잘 다스렸습니다.

3 (1) 곰과 호랑이는 사람이 되고 싶어 환웅을 찾아가 간절하게 빌었습니다.
(2) 단군왕검은 우리나라 역사상 첫 번째의 나라인 고조선을 세워 오랜 기간 다스렸습니다.

4 하늘 신의 아들인 환웅과 곰에서 사람이 된 웅녀는 혼인을 해 아들 단군왕검을 낳았습니다.

5 하늘 신의 아들 환웅과 쑥과 마늘을 먹고 동굴 속에서 버텨 내어 사람이 된 웅녀는 혼인을 했습니다. 그 사이에서 태어난 아들인 ㉠ 단군왕검은 우리나라 역사상 최초의 나라인 ㉡ 고조선을 세워 1,500년간 잘 다스렸습니다.

어휘 학습

7 '일정한 영토와 그 안에 사는 사람들로 이루어진 단체'라는 뜻을 가진 낱말은 '나라'입니다.

05 알에서 나온 주몽, 고구려를 세우다

본문 24~27쪽

독해 학습

1 ㉡   2 ①
3 유화   4 ㉠
5 ㉠ 주몽 ㉡ 고구려

어휘 학습

6 (1) ① (2) ③ (3) ②   7 ③

독해 학습

1 주몽은 부여의 왕자들을 피해 졸본에 자리를 잡고 새 나라인 고구려를 세웠습니다.

2 주몽은 커다란 알에서 나왔습니다.

3 물의 신 하백의 딸 유화는 아버지 몰래 하늘 신의 아들 해모수와 사랑을 나눈 죄로 쫓겨나 부여 왕의 궁궐에 머무르게 되었습니다. 어느 날 햇빛이 유화의 배를 따라다니며 비춘 뒤 유화는 임신을 해 커다란 알을 낳았습니다. 이 알에서 태어난 아이가 바로 주몽입니다.

4 주몽은 부여의 왕자들이 자신을 죽이려고 하자 부여를 떠나 졸본에 이르러 고구려를 세웠습니다. 졸본은 오늘날의 랴오닝성 부근에 있습니다.

오답 피하기

㉡ 평양은 졸본, 국내성을 이은 고구려의 세 번째 수도입니다.

㉢ 위례성은 백제의 수도입니다.

㉣ 경주는 신라의 수도입니다.

5 ㉠ 주몽은 해모수와 유화의 아들로 알에서 내어났습니다. 주몽은 어머니 유화와 함께 부여의 궁궐에서 살고 있었는데 어려서부터 활 쏘는 실력이 뛰어나 부여 왕자들의 질투를 받았습니다. 주몽은 자신을 죽이려고 하는 부여의 왕자들을 피해 남쪽으로 내려가 졸본에 ㉡ 고구려를 세웠습니다.

어휘 학습

7 '백발백중'은 총이나 활을 쏠 때 겨눈 곳에 모두 맞음을 이르는 말입니다.

06 아버지를 찾아 고구려에 온 유리

본문 30~33쪽

독해 학습

1 ㉠ 주몽 ㉡ 고구려   2 ㉠, ㉢
3 ④   4 ④
5 ㉠ 유리 ㉡ 태자

어휘 학습

6 (1) 왕위 (2) 폐하 (3) 태자   7 ④

독해 학습

1 유리는 아버지인 주몽을 찾아서 고구려로 떠났습니다. 고구려에 도착한 유리는 고구려의 태자가 되었고, 아버지 주몽에 이어 고구려의 두 번째 왕이 되었습니다.

2 유리는 아버지인 주몽이 숨겨 둔 부러진 칼을 찾았습니다. 유리는 그것을 가지고 주몽을 찾아갔고, 곧 고구려의 태자가 되었습니다.

3 주몽이 남긴 이야기 속 일곱 모가 난 돌 위의 소나무는 바로 집의 기둥이었습니다. 유리는 산 정상이 아닌 자신의 집 기둥 밑에서 주몽이 남긴 부러진 칼을 발견했습니다.

4 유리는 어머니를 통해 출생의 비밀을 듣고는 아버지 주몽이 남긴 부러진 칼을 찾았습니다. 그리고 고구려로 가서 자신이 주몽의 아들임을 증명했습니다.

5 부여에 살던 주몽의 아들 ㉠ 유리는 아버지가 숨겨둔 증표인 부러진 칼을 자신의 집 기둥 밑에서 찾아 주몽이 있는 고구려로 갔습니다. 주몽이 자신이 가지고 있던 부러진 칼 반쪽과 유리가 찾아온 칼을 합치자 칼은 완벽하게 하나가 되었습니다. 주몽은 크게 기뻐하며 유리를 고구려의 ㉡ 태자로 삼았습니다.

어휘 학습

7 '풀이 죽다'는 밝고 힘찬 기운이 없어짐을 이르는 말입니다.

07 온조, 고구려를 떠나 새 나라 백제를 세우다!

본문 34~37쪽

독해 학습

1 ③   **2** 위례성
3 ②   **4** ①
5 ㉠ 위례성 ㉡ 백제

어휘 학습

6 (1) ③ (2) ① (3) ②   **7** ④

독해 학습

1 주몽이 졸본에서 소서노와 결혼해 낳은 아들들인 비류와 온조는 주몽의 또 다른 아들인 유리가 고구려의 태자가 되자 고구려를 떠나 한반도 남쪽으로 내려갔습니다. 미추홀에 자리를 잡는데 실패한 비류와는 달리 온조는 위례성에 성공적으로 정착해 백제를 세웠습니다.

2 온조는 북쪽에는 강이 있고 동쪽에는 산이 있으며 남쪽에는 평평한 들판이 있는 위례성이 나라의 수도로서 최고의 조건을 지녔다고 생각했습니다.

3 유리는 부여에서, 비류와 온조는 졸본에서 태어났습니다.

4 비류를 따라 미추홀로 간 백성들은 땅이 습하고 물이 짜서 농사를 짓기가 힘들어 잘살기 어려웠습니다.

5 비류와 온조는 주몽이 소서노와 결혼해서 낳은 아들들입니다. 주몽은 부여에서 내려온 또 다른 아들 유리를 태자로 삼아 왕위를 잇게 했습니다. 불안함을 느낀 비류와 온조는 남쪽으로 내려가 각각 미추홀과 ㉠ 위례성에 나라를 세웠습니다. 비류를 따라 미추홀에 갔던 백성들이 그곳에서 버티지 못하고 위례성으로 돌아왔고, 온조는 나라 이름을 ㉡ 백제로 정했습니다.

어휘 학습

7 '습하다'는 물기가 많아 축축하다는 뜻입니다. 땅이 바짝 마른 상황과 습하다는 표현은 어울리지 않습니다.

08 알에서 나온 박혁거세, 신라를 세우다!

본문 38~41쪽

독해 학습

1 ㉡ → ㉢   **2** ②
3 알영   **4** ③
5 ㉠ 박혁거세 ㉡ 신라

어휘 학습

6 (1) ② (2) ③ (3) ①   **7** (1) 덕 (2) 규칙

독해 학습

1 알에서 태어난 박혁거세는 알영을 왕비로 맞이하고 경주에 신라를 세웠습니다.

2 우물인 나정 옆에는 하얀 말이 무릎을 꿇고 앉아 있었습니다. 하얀 말은 길게 울음소리를 내더니 하늘로 올라갔고, 하얀 말이 있던 자리에는 붉은 빛의 커다란 알이 놓여 있었습니다. 박혁거세는 이 커다란 알에서 나왔습니다.

3 닭의 머리를 한 용에게서 태어난 신라의 왕비는 알영입니다. 알영은 태어났을 때 입술이 닭의 부리처럼 뾰족했지만 냇가에 데려가 씻기자 얼굴에서 부리가 떨어졌습니다.

4 촌장들은 아이가 박처럼 둥근 알에서 태어났다고 해 아이의 성을 박(朴)씨로 지었습니다.

오답 피하기

① 박혁거세는 경주의 나정 우물에서 발견되었습니다.

② 여섯 촌장들의 성씨는 박(朴)씨가 아닙니다. 고려 시대의 승려 일연이 지은 역사책 『삼국유사』에 따르면, 경주 여섯 촌장들의 성씨는 이(李), 정(鄭), 손(孫), 최(崔), 배(裵), 설(薛)이라고 전해집니다.

5 신라의 첫 번째 왕인 ㉠ 박혁거세는 박처럼 생긴 커다랗고 붉은 알에서 태어났습니다. 박혁거세는 닭의 머리를 한 용에게서 태어난 알영을 왕비로 맞아들이고 경주에 ㉡ 신라를 세웠습니다.

09 꾀가 많은 신라 왕, 석탈해

본문 42~45쪽

독해 학습

1 ㉠ 알 ㉡ 신라 **2** ㉠ **3** ①
4 (1) ○ (2) X (3) ○ **5** ㉠ 석탈해 ㉡ 왕

어휘 학습

6 (1) 대궐 (2) 인재 (3) 무술
7 (1) 대장장이 (2) 관리

독해 학습

1 알에서 나온 석탈해는 먼 바다에서 배 안의 상자에 담겨 신라에 떠내려 왔습니다. 이후 석탈해는 왕의 첫째 공주와 결혼하고 관리로서 능력을 펼치다 왕의 자리에까지 올랐습니다.

2 석탈해는 첫째 공주와 결혼해 관리로서 능력을 펼치다 신라의 왕이 되었습니다.

> **오답 피하기**
>
> ㉡ 고구려를 떠나 위례성에 새로운 나라인 백제를 세운 사람은 온조입니다.
> ㉢ 알에서 나와 신라를 세운 사람은 박혁거세입니다.

3 석탈해는 대궐 옆에 지은 큰 집이 마음에 들어 그 집 주위에 숯 부스러기와 쇠붙이 부스러기를 묻어 두었습니다. 그 다음, 집주인을 찾아가 자신의 집이 대대로 대장장이였고 그 집이 대장간의 터였다고 꾀를 내어 집을 차지했습니다.

4 (2) 왕은 석탈해의 소문을 듣고 그를 신비한 인물로 여겨 첫째 공주와 결혼시키고 관리로 삼았습니다.

5 신라 동쪽 바다에 떠 있는 배 속의 상자에서 아이를 발견한 할머니는 아이에게 석탈해란 이름을 지어 주었습니다. ㉠ 석탈해는 꾀를 내어 대궐 옆의 큰 집을 차지했는데, 이 소식을 들은 신라의 왕은 탈해를 신비한 인물로 여기고 그를 첫째 공주와 결혼시켜 자신의 곁에 두었습니다. 석탈해는 훗날 신라 ㉡ 왕의 자리까지 올라 백성을 위한 정책을 펼치며 나라를 다스렸습니다.

10 김수로와 형제들, 가야의 왕이 되다

본문 46~49쪽

독해 학습

1 ㉠, ㉣ **2** ①
3 ② **4** ④
5 ㉠ 김수로 ㉡ 가야

어휘 학습

6 (1) ② (2) ③ (3) ① **7** ④

독해 학습

1 6개의 황금 알에서 태어난 김수로와 형제들은 여섯 가야를 건국해 백성들을 다스렸습니다.

> **오답 피하기**
>
> ㉢ 웅녀와 환웅 사이에서 태어난 사람은 단군왕검입니다.

2 고려의 승려 일연이 지은 역사책 『삼국유사』에 따르면, 아홉 촌장들과 백성들은 왕을 맞이하기 위해 "거북아 거북아, 머리를 내놓아라. 만약 내놓지 않으면 구워 먹으리."라는 노래를 부르며 춤을 췄습니다.

3 아홉 명의 촌장들은 왕을 맞이하려면 춤을 추고 노래를 부르라는 하늘의 목소리를 들었습니다. 촌장들과 백성들이 노래를 부르고 춤을 추자 하늘에서 황금 상자가 내려왔고 그 안에 있었던 6개의 황금 알에서 김수로와 형제들이 태어났습니다.

4 하늘에서 내려온 황금 상자 안에는 6개의 황금 알이 들어 있었습니다.

5 아홉 명의 촌장들은 하늘의 소리를 듣고 구지봉에 올라갔습니다. 촌장들과 백성들이 왕을 맞이하기 위해 하늘의 말에 따라 노래를 부르고 춤을 추자 하늘에서 자줏빛 줄이 내려왔고, 줄을 따라가 보니 붉은 보자기에 싸인 황금 상자가 있었습니다. 이틀 뒤, 황금 상자 안에 있던 알에서 ㉠ 김수로와 형제들이 태어났습니다. 그들은 여섯 ㉡ 가야를 건국해 다스렸습니다.

어휘 학습

7 '옛날에 나라의 근본인 국민을 이르던 말'이라는 뜻을 가진 낱말은 '백성'입니다.

11 허황옥, 하늘이 정해 준 가야의 왕비

본문 52~55쪽

독해 학습

1 왕비   2 ③
3 ④   4 ㉠ 허황옥 ㉡ 김수로

어휘 학습

5 (1) ③ (2) ② (3) ①
6 (1) 명령 (2) 임시

독해 학습

1 김수로는 하늘의 뜻을 따라 아유타국의 공주 허황옥을 가야의 왕비로 맞이했습니다.

2 아유타국의 공주인 허황옥은 부모님의 꿈을 따라 수로의 왕비가 되기 위해 빨간 돛을 단 배를 타고 가야에 왔습니다.

오답 피하기

① 해모수와 사랑에 빠진 죄로 쫓겨난 사람은 유화입니다.
② 쑥과 마늘을 먹고 사람이 된 것은 웅녀입니다.
④ 소서노는 유리가 고구려의 태자가 되자 비류와 온조를 따라 고구려를 떠났습니다.

3 허황옥이 탄 배가 거친 파도에 의해 앞으로 나아가지 못하자 허황옥의 아버지는 파도 신의 노여움을 풀기 위해 배에 파사 석탑을 싣고 가게 했습니다. 결국 허황옥은 파사 석탑과 함께 아유타국을 떠나 무사히 가야에 도착할 수 있었습니다.

4 가야를 세운 김수로왕은 하늘이 왕비를 내려 줄 것이라고 믿었습니다. 김수로의 신하들은 얼마 뒤 망산도에서 빨간 돛이 달린 배를 탄 아유타국의 공주 ㉠ 허황옥과 신하들을 발견했습니다. ㉡ 김수로는 하늘이 이어 준 인연인 허황옥과 부부의 연을 맺었습니다.

12 백제의 전성기를 이끈 근초고왕

본문 56~59쪽

독해 학습

1 ㉠ 확장 ㉡ 교류   2 ①
3 ㉡   4 ㉢ → ㉡ → ㉠
5 ㉠ 고국원왕 ㉡ 칠지도

어휘 학습

6 (1) ② (2) ③ (3) ①   7 ③

독해 학습

1 근초고왕은 여러 전쟁에서도 계속 승리하며 백제의 땅을 넓혔습니다. 또한 중국, 일본 등 외국과 활발하게 교류하며 백제의 전성기를 이끌었습니다.

2 칠지도는 무쇠를 백번 두들겨 만든 칼로 총 길이는 약 75cm이며, 실제 싸움에서 사용되는 칼이 아닌 성스러운 의식이나 보물로 사용되는 칼입니다. 백제는 왜왕에게 칠지도를 보내는 등 일본에 백제의 문물을 전해 주었습니다.

3 백제의 전성기를 이끈 근초고왕은 평양성에서 고구려의 고국원왕과 맞서 싸웠습니다. 이 전투에서 고국원왕은 죽음을 맞이했습니다.

4 ㉢ 근초고왕은 고구려가 예성강을 건너 백제를 공격할 것이라는 첩자의 편지를 받고 예성강에 백제 군사를 숨겨 두었습니다. 그리고 예성강을 건너 쳐들어온 고구려군을 공격해 크게 이겼습니다. ㉡ 근초고왕은 이어서 고구려의 평양성까지 쳐들어가서 고국원왕과 싸웠습니다. ㉠ 근초고왕은 평양성 전투에서 큰 승리를 거두고 위례성으로 돌아왔습니다.

5 근초고왕은 백제의 전성기를 이끌었습니다. 평양성에서 고구려와 맞서 싸워 ㉠ 고국원왕을 죽이는 성과를 올렸고, 다른 나라와의 전쟁에서도 승리하며 백제 역사상 가장 넓은 영토를 차지했습니다. 또 근초고왕 때에는 ㉡ 칠지도를 왜왕에게 보내는 등 다른 나라와 활발하게 교류했습니다.

어휘 학습

7 '진격하다'는 적을 치기 위해 앞으로 나아간다는 뜻입니다. 적군이 뒤로 가는 상황과 진격한다는 표현은 어울리지 않습니다.

13 광개토 대왕, 천하의 중심으로 우뚝 서다

본문 60~63쪽

독해 학습

1 ③ **2** ③ **3** 개마 무사
4 (1) X (2) X (3) ○
5 ㉠ 광개토 대왕 ㉡ 만주

어휘 학습

6 (1) 항복 (2) 침략 (3) 정복하다 **7** (1) ① (2) ②

독해 학습

1 광개토 대왕은 남쪽으로는 백제를 공격하여 백제 왕의 항복을 받아 내고, 북쪽으로는 여러 부족들과 후연을 공격해 영토를 크게 넓혔습니다.

2 광개토 대왕의 할아버지 고국원왕은 평양성 전투에서 백제군의 화살을 맞고 죽었습니다. 광개토 대왕은 할아버지의 원수를 갚고 고구려의 영광을 되찾기 위해 백제와 전투를 벌였습니다.

3 개마 무사는 병사와 말에 모두 철 갑옷을 입힌 기병을 말합니다. 그들은 철 갑옷을 입었기 때문에 적군의 활, 칼, 그리고 창 공격에도 상처를 입지 않았습니다. 광개토 대왕은 고구려의 강한 개마 무사들을 이끌며 다른 나라들과의 전쟁에서 승리하고 영토를 넓혔습니다.

4 (1) 광개토 대왕은 후연과 싸워 요동을 차지했습니다.
(2) 광개토 대왕은 백제의 위례성을 공격해 백제 왕의 항복을 받아 내었습니다.

5 ㉠ 광개토 대왕은 할아버지 고국원왕의 원수를 갚고 고구려의 영광을 되찾기 위해 위례성을 공격해서 백제의 항복을 받아 냈습니다. 또 여러 부족과 후연을 물리치고 드넓은 ㉡ 만주 지역과 요동을 차지해 고구려의 영토를 크게 넓혔습니다.

어휘 학습

7 (1) 이 문장에서 '부족'은 필요한 양이나 기준에 미치지 못해 충분하지 않다는 뜻으로 쓰였습니다.
(2) 이 문장에서 '부족'은 한 지역에서 생활하면서 같은 조상, 언어, 종교 등을 가진 공동체란 뜻으로 쓰였습니다.

14 장수왕, 꾀로 한강을 차지하다!

본문 64~67쪽

독해 학습

1 ㉡ **2** (1) 평양 (2) 바둑 (3) 위례성
3 ④ **4** ①
5 ㉠ 장수왕 ㉡ 위례성

어휘 학습

6 (1) ③ (2) ② (3) ① **7** (1) 천도 (2) 성곽

독해 학습

1 장수왕은 백제의 개로왕에게 첩자를 보내 백제의 힘을 약하게 만든 뒤, 백제의 수도인 위례성을 공격해서 차지했습니다.

2 (1) 장수왕은 고구려의 수도를 평양으로 옮기며 남쪽 땅을 넓혀갔습니다.
(2) 바둑 솜씨가 뛰어난 도림은 바둑을 좋아하는 개로왕의 마음을 사로잡았습니다.
(3) 장수왕은 백제의 수도 위례성을 차지한 뒤 한강의 남쪽까지 고구려의 땅으로 만들었습니다.

3 장수왕은 도림이란 스님을 백제의 개로왕에게 첩자로 보냈습니다. 뛰어난 바둑 실력으로 개로왕과 친해진 도림은 그를 꾀어내어 궁궐과 성곽을 화려하게 고치도록 만들었습니다. 백제의 백성들은 궁궐과 성곽을 고치는 공사에 끌려 나가 농사일을 못하게 되었고 곧 백제의 힘은 약해졌습니다.

4 장수왕은 개로왕에게 스님 도림을 첩자로 보냈습니다.

오답 피하기

② 일본에 칠지도를 선물로 보낸 나라는 백제입니다.
③ 후연을 공격해 요동을 얻어 낸 사람은 광개토 대왕입니다.
④ 알영을 왕비로 맞이하고 경주에 나라를 세운 사람은 박혁거세입니다.

5 고구려의 ㉠ 장수왕은 백제에 스님 도림을 첩자로 파견했습니다. 도림은 바둑으로 친해진 개로왕을 꾀어내어 백제를 혼란스럽게 만들었습니다. 고구려는 힘이 약해진 백제를 공격해 백제의 수도인 ㉡ 위례성을 차지했고, 고구려는 남쪽의 한강 지역까지 영토를 넓히게 되었습니다.

15 백제여, 다시 일어나라! 무령왕

독해 학습　　　　　　　　　　본문 68~71쪽

1 무령왕
2 (1) 왕족 (2) 저수지 (3) 외교
3 ①
4 ③
5 ㉠ 무령왕 ㉡ 양

어휘 학습

6 (1) 지방관 (2) 귀족 (3) 외교
7 (1) 도적 (2) 저수지

독해 학습

1 백제는 장수왕의 공격을 받아 한강 지역을 잃고 수도를 웅진으로 옮겼습니다. 무령왕은 나라를 안정시키기 위해 왕족을 지방관으로 파견하고 농업을 발전시키며 백제를 일으켜 세웠습니다.

2 (1) 무령왕은 전국의 22개 지역에 왕족들을 보내 지방을 다스리게 했습니다.
(2) 무령왕은 거대한 저수지를 만들어 가뭄이나 홍수에 대비할 수 있게 하며 백성들이 농사로 먹고살 수 있게 했습니다.
(3) 무령왕은 중국 남쪽의 양나라와 일본 등과의 외교를 통해 고구려를 견제했습니다.

3 「양직공도」는 중국 양나라를 방문했던 외국인 사신들의 모습을 그린 그림으로 그 나라의 풍습 등이 소개되어 있습니다. 백제가 페르시아와 싸워서 이겼다는 내용은 담겨있지 않습니다.

4 무령왕릉은 중국 양나라의 무덤처럼 벽돌로 쌓았고 일본에서 가져온 소나무로 관을 만들었습니다. 이를 통해 당시 백제가 양나라뿐 아니라 일본과도 활발히 교류했음을 알 수 있습니다.

오답 피하기

① 무령왕릉은 무령왕의 아들인 성왕이 만든 무덤입니다.
② 무령왕릉은 충청남도 공주에 있는 무덤입니다.

5 ㉠ 무령왕은 전국에 왕족들을 파견해 지방을 안정시켰습니다. 거대한 저수지를 만들고 새로운 농사법을 퍼뜨려 곡식의 수확량을 늘리기도 했습니다. 그리고 중국 남쪽의 ㉡ 양나라와 일본 등과 교류해 고구려를 견제하고 외국의 기술과 문물을 받아들여 나라를 발전시켰습니다.

16 우산국을 정복한 신라 장군 이사부

독해 학습　　　　　　　　　　본문 74~77쪽

1 ④
2 ②
3 (1) 지증왕 (2) 지형이 험해 (3) 두려워하며 항복함
4 영심
5 ㉠ 이사부 ㉡ 우산국

어휘 학습

6 (1) ① (2) ③ (3) ②
7 병사

독해 학습

1 이사부는 우산국을 손쉽게 정복하기 위해 나무로 사자를 만들어 우산국 사람들을 위협하는 전략을 세웠습니다.

2 이사부는 나무 사자를 만들어 피를 흘리지 않고 우산국을 정복해 신라의 땅으로 만들었습니다.

오답 피하기

① 우산국은 오늘날 울릉도에 있던 나라를 말합니다.
③ 우산국 사람들은 나무 사자를 보고 두려워하며 항복했습니다.
④ 이사부는 지증왕의 명령을 받아 우산국을 정복했습니다.

3 이사부는 신라 지증왕 때 우산국을 정복하라는 왕의 명령을 받았습니다. 이사부는 우산국의 지형은 험해서 공격하기 쉽지 않다는 것을 알았습니다. 따라서 이사부는 섬사람들이 한 번도 보지 못한 사자를 나무로 만들었고 우산국 사람들은 나무 사자를 보고 두려워하며 항복했습니다.

4 우산국 사람들은 종종 신라 땅에 쳐들어와 신라 사람들을 못살게 굴었습니다.

5 ㉠ 이사부는 나무 사자를 만들어 우산국 사람들을 겁주면서 전투를 하지 않고 ㉡ 우산국을 정복했습니다. 이사부는 이후 가야를 공격해 낙동강 유역을 차지하는 등 50년 동안이나 전쟁터를 누비며 신라의 영토를 크게 넓혔습니다.

어휘 학습

7 빈칸에는 '옛날에 군인이나 군대를 이르던 말'이라는 뜻을 가진 '병사'가 가장 적절합니다.

17 이차돈, 불교를 전하려 목숨을 내놓다!

본문 78~81쪽

독해 학습

1 ㉡

2 (1) 불교 (2) 각자의 (3) 하얀

3 ④

4 ②

5 ㉠ 불교 ㉡ 이차돈

어휘 학습

6 (1) 반발하다 (2) 제사 (3) 추궁하다

7 (1) ① (2) ②

독해 학습

1 이차돈은 신라에 불교를 퍼뜨리기 위해 왕의 명령을 거짓으로 꾸며 내어 사형을 당하는 계획을 세웠습니다. 결국 이차돈은 목이 베였는데 목에서 흰 피가 나고 하늘에서는 꽃잎이 내리는 기이한 현상이 펼쳐졌습니다. 불교를 반대하던 귀족들은 이차돈의 죽음을 보고 더 이상 불교를 반대할 수 없었습니다.

2 (1) 법흥왕은 불교로 신라 백성들을 하나로 뭉치게 만들어서 신라를 발전시키려고 했습니다.
(2) 귀족들은 바위의 신, 나무의 신 등과 같이 각자의 신을 믿으며 힘을 키워 나갔습니다.
(3) 이차돈의 머리가 잘리자 목에서는 하얀 피가 치솟았고 하늘에서는 꽃잎이 내렸습니다.

3 법흥왕은 고구려와 백제가 불교를 받아들인 모습을 보고 불교를 받아들이면 백성들이 왕의 말을 잘 따를 것이라고 생각했습니다.

4 이차돈은 자신의 목숨을 바쳐 신라에 불교를 퍼뜨렸습니다.

5 법흥왕은 ㉠ 불교를 받아들여 백성들을 한마음으로 모아 신라를 발전시키고자 했습니다. 그러나 귀족들의 반대가 심해 불교를 받아들이지 못하고 있었습니다. 결국 ㉡ 이차돈의 희생으로 법흥왕은 신라에 불교를 널리 퍼뜨릴 수 있었습니다.

어휘 학습

7 (1) 이 문장에서 '기적'은 일어날 것이라고 생각하지 못했던 놀라운 일이라는 뜻으로 쓰였습니다.
(2) 이 문장에서 '기적'은 기차나 배에서 신호 삼아 내는 커다란 소리라는 뜻으로 쓰였습니다.

18 진흥왕, 한강 유역을 마지막으로 차지하다!

본문 82~85쪽

독해 학습

1 ① 성왕 ② 진흥왕

2 (1) ○ (2) X (3) ○

3 ③

4 ㉠ → ㉢ → ㉡

5 ㉠ 진흥왕 ㉡ 순수비

어휘 학습

6 (1) ③ (2) ① (3) ②

7 ①

독해 학습

1 ① 백제와 신라가 벌였던 관산성 전투에서 죽은 백제의 왕은 성왕입니다. ② 한강 유역을 차지하고 신라의 전성기를 이끈 왕은 진흥왕입니다.

2 (2) 한강의 상류 지역은 신라가 차지했습니다.

3 한강 하류는 중국과의 교통에 있어서 중요한 곳이었습니다. 서해를 통해 중국과 직접 교류하며 앞선 문물을 받아들이면 나라를 발전시킬 수 있었기 때문입니다. 그래서 진흥왕은 백제를 배신하고 한강 하류를 차지했습니다.

4 ㉠ 백제와 신라는 힘을 합쳐 고구려를 무찌르고 한강의 상류는 신라가, 한강의 하류는 백제가 나누어 가졌습니다. 하지만 ㉢ 신라는 백제를 배신하며 한강 하류마저 차지했습니다. 이후 ㉡ 백제의 성왕은 대가야와 왜의 도움을 받아 관산성을 공격했지만 죽음을 맞이했습니다.

5 신라의 ㉠ 진흥왕은 백제가 차지하고 있던 한강 하류 지역을 빼앗아 한강 전역을 치지히게 되었습니다. 진흥왕은 이후 주변 나라들을 정복하며 신라의 전성기를 이끌었습니다. 그는 새로 얻은 영토를 두루 다니며 왕이 나라 안을 살피고 돌아다니는 것을 기념하기 위해 만든 비석인 ㉡ 순수비를 세웠습니다.

어휘 학습

7 빈칸에는 '믿음이나 의리를 저버린 사람'이라는 뜻을 가진 '배신자'가 가장 적절합니다.

19 화랑, 신라는 우리가 지킨다!

본문 86~89쪽

독해 학습

1 ④

2 (1) X (2) X (3) ○

3 (1) ㉢ (2) ㉠ (3) ㉤ (4) ㉡ (5) ㉣

4 ①

5 ㉠ 화랑도 ㉡ 세속 오계

어휘 학습

6 (1) 적진 (2) 수련하다 (3) 계율   7 (1) 통일 (2) 원칙

독해 학습

1 신라의 화랑 귀산과 추항은 원광 법사를 찾아가 살면서 지켜야 할 다섯 가지의 계율인 세속 오계를 배웠습니다. 수년이 흐르고 귀산과 추항은 원광 법사의 가르침을 기억하며 백제와의 전쟁에 참여해 물러서지 않고 싸우다 죽음을 맞이했습니다.

2 (1) 원광 법사는 화랑 귀산과 추항에게 세속 오계를 알려주었습니다.
(2) 귀산과 추항은 세속 오계의 가르침을 따라 전쟁에서 물러서지 않고 용맹스럽게 싸우다 죽었습니다.

3 (1) 사친이효: 어버이에게 효도를 다한다.
(2) 사군이충: 임금은 충성을 다해 섬긴다.
(3) 교우이신: 친구를 사귈 때에는 믿음을 가져야 한다.
(4) 임전무퇴: 싸움을 할 때에는 물러서지 말아야 한다.
(5) 살생유택: 산 것을 죽여야만 할 때에는 신중하게 가린다.

4 화랑 반굴과 관창은 백제군과의 전투에서 전쟁에서 물러서지 말아야 한다는 임전무퇴의 계율을 지켰습니다.

5 ㉠ 화랑도는 신라의 청소년 수양 단체로 살면서 지켜야 할 다섯 가지의 계율인 ㉡ 세속 오계를 원칙으로 삼았습니다. 화랑도는 국가적인 조직이 되어 신라가 삼국을 통일하는 데 큰 역할을 해냈습니다.

20 바보 온달, 고구려를 지키다!

본문 90~93쪽

독해 학습

1 ㉠ → ㉢

2 ②

3 ㉠ → ㉡ → ㉢

4 ㉡

5 ㉠ 온달 ㉡ 평강왕

어휘 학습

6 (1) 사위 (2) 벼슬 (3) 발휘하다 (4) 무예

7 ④

독해 학습

1 고구려의 온달은 누추한 옷차림으로 음식 구걸을 하고 살아 바보 온달이라고 불렸습니다. 온달은 평강왕의 딸과 결혼한 후, 그녀의 도움으로 열심히 실력을 키워서 여러 전투에 참여하며 고구려를 지켰습니다.

2 평강왕은 공주의 울음을 그치게 하기 위해서 공주에게 바보 온달과 결혼시키겠다며 겁을 주었습니다.

3 ㉠ 공주는 결혼할 나이가 되자 궁궐에서 나와 온달과 결혼했습니다. ㉡ 공주는 궁궐에서 가져온 금팔찌를 팔아 온달이 무예를 갈고닦을 수 있게 도왔습니다. 영양왕 때에 ㉢ 온달은 신라와의 전투에 참여했고, 용감하게 싸우다 화살에 맞아 죽고 말았습니다.

4 온달은 공주의 도움으로 그동안 갈고닦은 실력을 뽐내며 사냥 대회에서 크게 활약했습니다. 온달은 누구보다 빠르게 말을 몰았고, 사냥에서도 우수한 성적을 거두었습니다.

5 ㉠ 온달은 사람들에게 바보라고 무시를 당했지만, ㉡ 평강왕의 딸과 결혼한 뒤, 열심히 공부하고 무예를 닦았습니다. 사냥 대회에서 뛰어난 실력을 발휘한 온달은 중국이 고구려에 쳐들어오자 앞장서서 용맹스럽게 싸웠습니다. 그것을 본 평강왕은 기뻐하며 온달에게 벼슬을 내려 주었습니다. 그러나 온달은 한강 유역을 두고 벌어진 신라와의 전투에서 죽음을 맞이했습니다.

어휘 학습

7 빈칸에는 '죽은 사람을 땅에 묻거나 화장하는 일. 또는 그런 의식'이라는 뜻을 가진 '장례'가 가장 적절합니다.

21 지혜로운 선덕 여왕, 신라를 위기에서 구하다!

본문 96~99쪽

독해 학습

1 ②   2 (1) 진골 → 성골 (2) 장미 → 모란
3 황룡사 9층 목탑
4 ①   5 ㉠ 선덕 여왕 ㉡ 첨성대

어휘 학습

6 (1) ② (2) ③ (3) ①   7 ③

독해 학습

1 선덕 여왕은 주변 나라들의 침입을 막고 사람들의 불만을 잠재우며 지혜롭게 신라를 다스렸습니다.

2 (1) 진평왕이 아들 없이 죽자 성골인 여자 중에서 다음 왕을 정해야 했습니다. 따라서 진평왕의 딸 덕만 공주는 신라 최초의 여왕이 되었습니다.
(2) 당나라 황제는 신라에 모란의 씨앗과 모란꽃이 그려진 그림을 보냈습니다. 선덕 여왕은 이를 보고 결혼하지 않은 자신을 향기 없는 모란꽃에 비유하며 놀리는 당나라 황제의 의도를 단번에 파악했습니다.

3 선덕 여왕이 왕위에 오른 후, 일부 백성들은 선덕 여왕에게 불만을 품었고 다른 나라들의 침입도 끊이지 않았습니다. 자장 스님은 9층으로 된 높은 탑을 세워 위엄을 보이면 이웃 나라들이 깔보지 못하고 백성들의 불만도 사라질 것이라고 말했습니다. 이에 선덕 여왕은 황룡사에 9층 목탑을 세우며 위기를 극복했습니다.

4 선덕 여왕 때 만들어진 첨성대에서는 별들의 움직임을 관측할 수 있었습니다. 삼국 시대에는 나라의 운명을 점치기 위한 주술적인 목적으로 하늘과 우주에서 일어나는 변화를 관측하고 날씨를 예측했습니다.

5 신라 최초의 여왕인 ㉠ 선덕 여왕은 위기를 극복하기 위해 황룡사에 9층 목탑을 세웠습니다. 또한 부처의 힘으로 나라를 다스리고자 분황사를 짓고, 별들의 움직임을 관찰하는 ㉡ 첨성대를 세우는 등 신라를 지혜롭게 다스렸습니다.

어휘 학습

7 '목탑'은 나무로 만든 탑이라는 뜻입니다. 돌을 이용해 만든 탑은 목탑이 아닌 석탑입니다.

22 을지문덕, 꾀로 수나라군을 물리치다!

본문 100~103쪽

독해 학습

1 ④   2 ②
3 ④   4 ㉡ → ㉣ → ㉢
5 ㉠ 을지문덕 ㉡ 살수 대첩

어휘 학습

6 (1) ② (2) ④ (3) ③ (4) ①   7 (1) 공 (2) 작전

독해 학습

1 고구려군을 이끈 을지문덕 장군은 수나라군을 지치게 만든 뒤, 후퇴하는 수나라군을 살수에서 기습 공격해 크게 승리했습니다.

2 을지문덕은 수나라군의 진영으로 가 거짓으로 항복한 후 진영을 직접 살펴보면서 수나라 병사들이 크게 지쳐 있고 식량도 부족하다는 것을 파악했습니다.

3 을지문덕은 수나라군이 완전히 지쳐버리도록 싸움에서 지는 척하며 도망치기를 반복했습니다. 그리고 을지문덕은 수나라군에게 돌아갈 것을 권유하는 한 편의 시가 담긴 편지를 보냈습니다. 그제서야 수나라 장군은 자신이 속았다는 것을 알았습니다.

4 ㉠ 수나라군은 고구려에 많은 군사를 앞세워 쳐들어왔습니다. ㉡ 을지문덕은 수나라군의 진영을 살펴보기 위해 거짓으로 수나라에 항복하였고, 수나라군이 지쳐 있고 식량도 부족한 상태임을 알게 되었습니다. ㉣ 을지문덕은 수나라군을 더욱 지치게 하기 위해 싸우다가 도망가기를 반복했습니다. ㉢ 을지문덕은 후퇴하던 수나라군을 살수에서 크게 물리쳤습니다.

5 고구려의 ㉠ 을지문덕 장군이 수나라 군대를 지치게 만드는 작전을 써 살수에서 큰 승리를 거둔 사건을 ㉡ 살수 대첩이라고 합니다. 수나라는 살수 대첩 이후 복수를 하기 위해 고구려에 여러 차례 쳐들어왔지만 모두 실패했습니다.

23 당나라의 공격에도 무너지지 않은 안시성

본문 104~107쪽

독해 학습

1 ㉢　　　　　　**2** ③
3 ③　　　　　　**4** ④
5 ㉠ 당나라　㉡ 안시성

어휘 학습

6 (1) ② (2) ③ (3) ①　　**7** ②

독해 학습

1 안시성의 성주와 군사, 백성들은 계속되는 당나라의 공격에도 죽음을 두려워하지 않고 당나라군에 맞서 싸워 성을 지켜 냈습니다.

2 당나라군은 고구려의 중요한 성 중 하나인 안시성을 무너뜨리기 위해 거세게 공격했습니다. 하지만 고구려 사람들의 끈질긴 저항으로 성은 쉽게 무너지지 않았습니다. 그러자 당나라군은 꾀를 내어 흙산을 안시성 성벽보다 높게 쌓아 안시성의 내부를 들여다보고 고구려군을 더 쉽게 공격하려고 했습니다.

3 당나라군이 안시성의 성벽 안을 들여다보기 위해 쌓은 흙산은 갑자기 안시성 쪽으로 무너졌습니다. 고구려군은 이 틈을 타 흙산을 빼앗고 그 위에 올라가 당나라군을 공격했습니다.

4 고구려군에게 흙산을 빼앗긴 당나라군은 추운 겨울이 되자 크게 사기가 떨어져 결국 안시성을 포기하고 당나라로 돌아갔습니다.

5 수나라에 이어 중국을 통일한 ㉠ 당나라의 황제는 직접 군사를 이끌고 고구려의 성을 차례로 공격했습니다. 당나라군은 요동 지역까지 깊숙이 들어와 고구려의 중요한 성인 ㉡ 안시성을 에워싸고 흙산을 쌓아 공격했습니다. 그러나 안시성의 성주와 백성들은 죽을 각오로 싸우며 끝까지 성을 지켜 냈습니다.

어휘 학습

7 '어떤 목적을 달성하기 위해 사람이나 물건을 한곳에 집중함'이라는 뜻을 가진 낱말은 '동원'입니다.

---

24 김유신, 신라의 왕족 김춘추와 가족이 되다!

본문 108~111쪽

독해 학습

1 ㉠ → ㉣　　　　**2** ㉡
3 ④　　　　　　**4** ㉠, ㉡
5 ㉠ 김유신　㉡ 김춘추

어휘 학습

6 (1) ③ (2) ① (3) ②　　**7** ④

독해 학습

1 김유신은 신라의 왕족 김춘추와 힘을 합치기 위해 자신의 동생을 김춘추와 결혼하게 만들었습니다. 김유신은 김춘추와 가족이 되어 삼국 통일을 위한 힘을 모을 수 있었습니다.

2 김유신은 김춘추와 친해지기 위해 작전을 세웠습니다. 김유신은 축국을 하다 일부러 김춘추의 옷을 밟아서 찢었습니다. 그리고 동생에게 김춘추의 옷을 꿰매게 했습니다. 이 만남을 통해 김춘추와 김유신의 누이 문희는 빠르게 가까워졌고 결혼해 부부가 되었습니다.

3 김유신은 혼자 힘으로는 신라의 삼국 통일을 이룰 수 없다고 생각했습니다. 그래서 신라를 더 강한 나라로 만들기 위해서는 신라의 왕족이자 선덕 여왕이 아끼는 조카인 김춘추와 가까운 사이가 되어야 한다고 생각했습니다.

4 김유신은 15살에 신라의 화랑이 되었으며 장군이 된 뒤에는 무리를 이끌고 백제, 고구려와 싸우며 큰 공을 세웠습니다.

오답 피하기

㉢ 김춘추의 찢어진 옷을 꿰매 준 사람은 김유신의 동생 문희입니다.

5 ㉠ 김유신은 신라의 진골 귀족입니다. 그는 신라의 화랑이 된 뒤, 수많은 전쟁에서 큰 공을 세웠습니다. 그는 신라의 왕족 출신인 ㉡ 김춘추와 자신의 동생인 문희를 결혼시켜 힘을 합쳤습니다.

어휘 학습

7 빈칸에는 '어떤 분야를 체계적으로 배워서 익힘. 또는 그런 지식'이라는 뜻을 가진 '학문'이 가장 적절합니다.

25 떨어진 별도 끌어올린 김유신

본문 112~115쪽

독해 학습

1 ③　　　　**2** (1) X (2) ○ (3) ○
3 ④　　　　**4** ②
5 ㉠ 김유신 ㉡ 비담

어휘 학습

6 (1) ③ (2) ② (3) ①　　**7** ①

독해 학습

1 김유신은 백제와 고구려의 공격에 맞서 용맹하게 싸우고 상대등 비담의 반란을 잘 막아 내는 등 나라 안팎으로 신라를 지켜 내었습니다.

2 (1) 김유신은 김춘추와 함께 선덕 여왕과 진덕 여왕을 모시며 신라를 굳건히 지켰습니다.

3 상대등 비담은 선덕 여왕이 여자이기 때문에 주변 나라들이 신라를 얕본다며 불만을 품고 반란을 일으켰습니다. 이 때 궁궐에 별이 떨어졌고, 이를 본 병사들이 안 좋은 징조라고 생각하며 불안해 했습니다. 그러자 김유신은 불을 붙인 허수아비를 하늘에 날려 별이 다시 떠오르는 것처럼 꾸며 병사들의 사기를 끌어 올렸습니다. 그리고 별이 다시 하늘로 올라가는 모습을 보며 혼란스러워하는 반란군을 공격해 비담의 반란을 막아 내었습니다.

4 김유신은 나라를 지키는 일을 중요하게 생각했습니다. 김유신이 전쟁을 마치고 집에 돌아오는 길에 백제군이 다시 신라에 쳐들어오자 그는 가족들을 만나 보지도 않고 물 한 사발만 마신 뒤 다시 전쟁터로 나가 싸움을 이어갔습니다.

5 신라의 장군 ㉠ 김유신은 계속되는 백제와 고구려와의 전쟁에서 크게 활약했습니다. 또한 상대등 ㉡ 비담이 선덕 여왕에 대한 불만을 품고 일으킨 반란도 꾀를 내어 막아 냈습니다. 김유신은 김춘추와 함께 선덕 여왕이 죽은 뒤에도 진덕 여왕을 모시며 신라를 지켜 내었습니다.

어휘 학습

7 '얕보다'는 실제보다 낮추어 우습게 본다는 뜻입니다. 감독이 선수의 축구 실력을 칭찬하는 상황과 얕본다는 표현은 어울리지 않습니다.

---

26 김춘추, 신라를 위해 당나라와 손을 잡다!

본문 118~121쪽

독해 학습

1 ㉠ → ㉢　　　**2** ③
3 대동강　　　　**4** ④
5 ㉠ 나당 동맹 ㉡ 태종 무열왕

어휘 학습

6 (1) ① (2) ③ (3) ②　　**7** (1) 실력자 (2) 길목

독해 학습

1 김춘추는 고구려와 백제를 무너뜨리고 대동강 지역을 경계로 나누어 다스리는 것을 조건으로 해 당나라와 동맹을 맺었습니다. 이를 신라의 '라'와 당나라의 '당'을 합쳐 '나당 동맹'이라고 합니다.

2 대야성 전투에서 김춘추의 딸과 사위가 목숨을 잃었습니다.

3 김춘추는 중국 당나라와 나당 동맹을 맺어 고구려와 백제를 무너뜨렸습니다. 그리고 대동강 남쪽은 신라가, 북쪽은 당나라가 차지하기로 했습니다.

4 당나라는 김춘추와 동맹을 맺을 때 고구려와 백제를 멸망시킨 뒤 신라까지 차지할 계획을 가지고 있었습니다. 김춘추는 당나라의 꿍꿍이를 알고 있었지만 신라의 멸망을 막아 내기 위해 당나라와의 동맹을 이어 나갔습니다.

5 김춘추는 신라의 위기를 극복하기 위해 고구려에 도움을 요청했습니다. 그러나 김춘추가 고구려의 무리한 요구를 거절하자 그를 가두어 버리기까지 했습니다. 고구려를 가까스로 탈출한 김춘추는 당나라로 가서 ㉠ 나당 동맹을 맺었습니다. 후에 김춘추는 진덕 여왕의 뒤를 이어 왕이 되었는데, 그를 ㉡ 태종 무열왕이라고 부릅니다. 태종 무열왕은 당나라군과 힘을 합쳐 백제를 공격했습니다.

27 백제 장군 계백, 황산벌에서 스러지다!

본문 122~125쪽

독해 학습

1 ④　　　　2 ③, ④
3 ②　　　　4 ②
5 ㉠ 계백　㉡ 관창　㉢ 황산벌

어휘 학습

6 (1) ①　(2) ②　(3) ③　　7 (1) ①　(2) ②

독해 학습

1 의자왕은 신라군을 막기 위해 백제 최고의 장수인 계백을 황산벌로 보냈습니다. 계백과 5천 명의 결사대는 신라군에 용감하게 맞서 싸웠지만 패배하고 말았습니다.

2 신라가 5만 명의 병사를 이끌고 백제에 쳐들어온 반면 계백의 백제군은 5천 명 밖에 되지 않아 큰 병력 차이를 보였습니다. 따라서 계백은 옛 중국에서 군사 5천 명으로 70만 명의 적을 무찌른 것을 이야기하며 백제 군사들도 승리할 수 있음을 보여주고 군사들의 사기를 올려 주었습니다.

3 신라의 화랑인 관창은 세속 오계 중 전투를 할 때 물러서지 말아야 한다는 임전무퇴의 계율을 따라 백제의 진영으로 뛰어들었습니다.

4 신라의 김유신은 백제군의 기세를 꺾기 위해 관창을 홀로 적의 진영으로 들어가 싸우게 했습니다. 관창은 나라를 위해 충성을 다하는 화랑 정신을 바탕으로 목숨을 바쳐 싸우다 죽음을 맞이했습니다.

5 백제의 ㉠ 계백은 황산벌에서 5천 명의 결사대를 이끌고 수많은 신라군과 맞서 싸웠습니다. 계백은 백제 진영에 홀로 여러 차례 뛰어든 신라의 화랑 ㉡ 관창의 목을 베었습니다. 관창의 죽음으로 신라군의 사기가 높아졌고 결국 계백과 결사대는 ㉢ 황산벌 전투에서 신라군에 패하고 말았습니다.

어휘 학습

7 (1) 이 문장에서 '병력'은 군대의 인원이나 숫자라는 뜻으로 쓰였습니다.
(2) 이 문장에서 '병력'은 지금까지 않은 병이라는 뜻으로 쓰였습니다.

28 의자왕, 백제의 마지막 왕이 되다

본문 126~129쪽

독해 학습

1 ㉠　　　　2 ③　　　3 (1) ○ (2) X (3) ○
4 ㉠ → ㉢ → ㉡　　　5 ㉠ 의자왕　㉡ 신라

어휘 학습

6 (1) ②　(2) ③　(3) ①
7 (1) 호시탐탐　(2) 용호상박

독해 학습

1 백제의 마지막 왕인 의자왕은 술을 마시고 노는 일에 빠져 나라를 제대로 다스리지 않았습니다. 결국 백제는 신라와 당나라 연합군의 공격을 받고 멸망했습니다.

2 의자왕은 나랏일에는 신경을 쓰지 않자 백제 수도인 사비의 곳곳에서 우물의 물이 핏빛이 되고, 개구리 수만 마리가 나무에 오르고, 귀신이 궁에 들어와 백제가 망한다고 소리쳤습니다. 곧 신라와 당나라 연합군이 백제에 쳐들어왔습니다.

3 (2) 의자왕은 충성스러운 신하들의 따끔한 충고를 듣지 않고 쫓아내었습니다.

4 ㉠ 신라와 당나라 연합군이 백제에 쳐들어왔습니다. ㉢ 계백 장군마저 황산벌에서 신라군에 패배하자 의자왕은 수도인 사비성에서 웅진성으로 도망쳤습니다. 신라와 당나라 연합군이 사비성을 무너뜨리고 웅진성으로 몰려오자 결국 ㉡ 의자왕은 신라와 당나라 연합군에 항복했습니다.

5 백제의 ㉠ 의자왕은 처음에는 신라를 여러 차례 공격해 영토를 넓혔으나 점차 술을 마시고 노는 일에 빠져 충성스러운 신하들을 멀리하고 나라를 잘 돌보지 않았습니다. 결국 백제는 ㉡ 신라와 당나라 연합군의 공격을 받고 멸망했고 의자왕은 당나라에 포로로 끌려갔습니다.

어휘 학습

7 (1) 빈칸에는 '남의 것을 빼앗기 위해 기회를 엿봄'이라는 뜻을 가진 '호시탐탐'이 가장 적절합니다.
(2) 빈칸에는 '강한 자들끼리 서로 싸움을 이룸'이라는 뜻을 가진 '용호상박'이 가장 적절합니다.

29 동아시아 대국 고구려가 무너지다!

본문 130~133쪽

독해 학습

1 ①   2 (1) ○ (2) ○ (3) X   3 ③
4 ①   5 ㉠ 연개소문 ㉡ 평양성

어휘 학습

6 (1) 정벌 (2) 시기하다 (3) 분열되다
7 (1) 이간질 (2) 사정

독해 학습

1 고구려의 최고 권력자였던 연개소문이 죽은 뒤 고구려는 혼란에 빠지게 되었습니다. 신라와 당나라 연합군은 이 기회를 놓치지 않고 고구려를 멸망시켰습니다.

2 (3) 최고 권력자 연개소문이 죽자 주변에서는 그의 세 아들인 남생, 남건, 남산을 이간질했고 고구려의 내부는 분열되었습니다.

3 남건과 남산이 큰 형인 남생을 죽이려고 하자, 남생은 당나라에 항복했습니다. 그리고 당나라의 고구려 정벌을 도우면서 당나라의 힘을 빌려 자신을 죽이려고 한 동생들에게 복수하려고 했습니다.

4 고구려의 성들은 당나라의 공격을 받고 줄줄이 무너졌습니다. 결국 신라와 당나라의 연합군에 의해 고구려의 수도인 평양성까지 무너지면서 고구려는 멸망했습니다.

5 최고 권력자인 ㉠ 연개소문이 살아있을 때 고구려는 당나라의 공격을 모두 막아 냈습니다. 하지만 연개소문이 죽자 그의 세 아들 사이에서 다툼이 일어났고 고구려는 분열하기 시작했습니다. 당나라는 이 틈을 타 고구려의 성들을 차례로 정복했고, 신라와 당나라 연합군이 고구려의 수도 ㉡ 평양성을 무너뜨리면서 고구려는 멸망했습니다.

---

30 신라, 삼국 통일을 완성하다!

본문 134~137쪽

독해 학습

1 당나라   2 ③
3 ㉡   4 ㉡ → ㉣ → ㉢
5 ㉠ 기벌포 ㉡ 통일

어휘 학습

6 (1) ③ (2) ② (3) ①   7 ③

독해 학습

1 신라는 당나라를 몰아내기 위해 수년간 치열한 전투를 벌인 끝에 삼국 통일을 완성했습니다.

2 신라는 당나라가 처음 동맹을 맺을 때의 약속을 어기고 대동강 남쪽 땅까지 차지하려고 하자 당나라를 견제하기 위해 백제와 고구려 유민들에게 도움을 요청했습니다.

3 신라는 매소성에서 당나라군과 싸워서 크게 승리하고, 뒤이어 벌어진 기벌포 전투에서도 승리해 당나라 군대를 대동강 북쪽으로 몰아냈습니다.

4 신라와 당나라가 나당 동맹을 맺어 백제와 고구려를 무너뜨리고 대동강 남쪽은 신라가, 대동강 북쪽은 당나라가 가지기로 했습니다. 하지만 ㉠ 당나라는 삼국의 땅을 모두 차지하고 싶어 했습니다. 결국 두 나라 사이에 전쟁이 시작되었습니다. ㉡ 신라는 매소성 전투에서 당나라에 크게 승리했고 ㉣ 기벌포 전투에서도 당나라군을 크게 무찔렀습니다. 결국 ㉢ 신라는 당나라를 대동강 북쪽으로 몰아내고 삼국 통일을 달성했습니다.

5 당나라가 나당 동맹에서 맺은 약속을 지키지 않고 신라의 땅까지 차지하려고 하자 신라와 당나라 사이에 전쟁이 벌어졌습니다. 신라는 매소성과 ㉠ 기벌포 전투에서 큰 승리를 거두어 당나라를 몰아내고 삼국을 ㉡ 통일했습니다.

어휘 학습

7 '건방지다'는 잘난 체하거나 남을 낮추어 보듯이 행동한다는 뜻입니다. 김 선생님이 겸손한 말투로 환자들을 대하는 상황과 건방지다는 표현은 어울리지 않습니다.

본문 28쪽

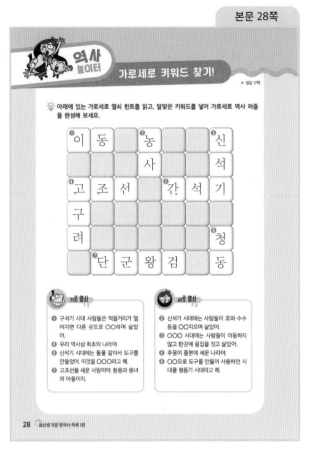

가로세로 키워드 찾기!

▶ 정답 17쪽

아래에 있는 가로세로 열쇠 힌트를 읽고, 알맞은 키워드를 넣어 가로세로 역사 퍼즐을 완성해 보세요.

❶이	동		❷농			❸신
			사			석
❹고	조	선		❺간	석	기
구						
려						❻청
		❼단	군	왕	검	동

가로 열쇠

❶ 구석기 시대 사람들은 먹을거리가 떨어지면 다른 곳으로 ○○하며 살았어.
❹ 우리 역사상 최초의 나라야.
❺ 신석기 시대에는 돌을 갈아서 도구를 만들었어. 이것을 ○○○라고 해.
❼ 고조선을 세운 사람이야. 환웅과 웅녀의 아들이지.

세로 열쇠

❶ 신석기 시대에는 사람들이 조와 수수 등을 ○○지으며 살았어.
❷ ○○○ 시대에는 사람들이 이동하지 않고 한곳에 움집을 짓고 살았어.
❸ 주몽이 졸본에 세운 나라야.
❻ ○○으로 도구를 만들어 사용하던 시대를 청동기 시대라고 해.

본문 50쪽

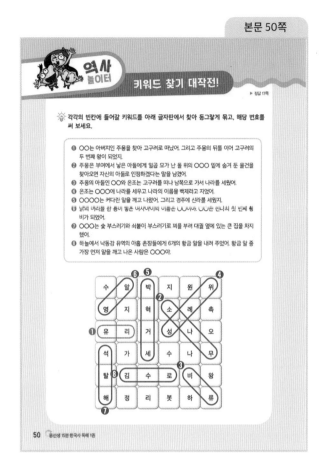

키워드 찾기 대작전!

▶ 정답 17쪽

각각의 빈칸에 들어갈 키워드를 아래 글자판에서 찾아 동그랗게 묶고, 해당 번호를 써 보세요.

❶ ○○는 아버지인 주몽을 찾아 고구려로 떠났어. 그리고 주몽의 뒤를 이어 고구려의 두 번째 왕이 되었어.
❷ 주몽은 부여에서 낳은 아들에게 일곱 모가 난 돌 위의 ○○ 밑에 숨겨 둔 물건을 찾아오면 자신의 아들로 인정하겠다는 말을 남겼어.
❸ 주몽의 아들인 ○○와 온조는 고구려를 떠나 남쪽으로 가서 나라를 세웠어.
❹ 온조는 ○○○에 나라를 세우고 나라의 이름을 백제라고 지었어.
❺ ○○○○는 커다란 알을 깨고 나왔어. 그리고 경주에 신라를 세웠지.
❻ 남의 머리를 한 용이 낳은 아사아나의 아름은 ○○이야. ○○은 신나의 첫 번째 왕비가 되었어.
❼ ○○○은 숯 부스러기와 쇠붙이 부스러기로 꾀를 부려 대궐 옆에 있는 큰 집을 차지했어.
❽ 하늘에서 낙동강 유역의 아홉 촌장들에게 6개의 황금 알을 내려 주었어. 황금 알 중 가장 먼저 알을 깨고 나온 사람이 ○○○야.

수	알	❺박	지	원	❹위
영	지	혁	❷소	례	축
❶유	리	거	성	나	오
석	가	세	수	나	무
탈	❽김	수	로	❸비	왕
해	정	리	봇	하	류

본문 72쪽

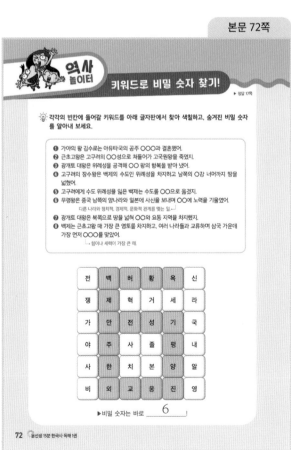

키워드로 비밀 숫자 찾기!

▶ 정답 17쪽

각각의 빈칸에 들어갈 키워드를 아래 글자판에서 찾아 색칠하고, 숨겨진 비밀 숫자를 알아내 보세요.

❶ 가야의 왕 김수로는 아유타국의 공주 ○○○과 결혼했어.
❷ 근초고왕은 고구려의 ○○성으로 쳐들어가 고국원왕을 죽였지.
❸ 광개토 대왕은 위례성을 공격해 ○○ 왕의 항복을 받아 냈어.
❹ 고구려의 장수왕은 백제의 수도인 위례성을 차지하고 남쪽의 ○강 너머까지 땅을 넓혔어.
❺ 고구려에게 수도 위례성을 잃은 백제는 수도를 ○○으로 옮겼지.
❻ 무령왕은 중국 남쪽의 양나라와 일본에 사신을 보내며 ○○에 노력을 기울였어.
  → 다른 나라의 정치적, 경제적, 문화적 관계를 맺는 일이.
❼ 광개토 대왕은 북쪽으로 땅을 넓혀 요동 지역을 차지했어.
❽ 백제는 근초고왕 때 가장 큰 영토를 차지하고, 여러 나라들과 교류하며 삼국 가운데 가장 먼저 ○○○를 맞았다.
  → 힘이나 세력이 가장 클 때.

전	백	허	황	옥	신
쟁	제	혁	거	세	라
가	안	전	성	기	국
야	주	사	졸	평	내
사	한	처	본	양	알
비	외	교	웅	진	영

▶ 비밀 숫자는 바로 ⌐6⌐

본문 94쪽

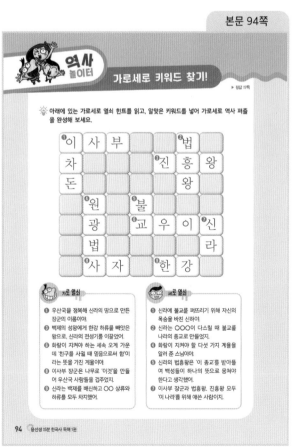

가로세로 키워드 찾기!

▶ 정답 17쪽

아래에 있는 가로세로 열쇠 힌트를 읽고, 알맞은 키워드를 넣어 가로세로 역사 퍼즐을 완성해 보세요.

❶이	사	부			❷법	
❸차				❹진	흥	왕
돈					왕	
	❺원		❻불			
	광		❼교	우	이	❽신
	법					라
	❾사	자		❿한	강	

가로 열쇠

❶ 우산국을 정복해 신라의 땅으로 만든 장군의 이름이야.
❹ 백제의 성왕에게 한강 하류를 빼앗은 왕으로, 신라의 전성기를 이끌었어.
❼ 화랑이 지켜야 하는 세속 오계 가운데 '친구를 사귈 때 믿음으로써 함'이라는 뜻을 가진 계율이야.
❾ 이사부 장군은 나무로 '이것'을 만들어 우산국 사람들을 겁주었지.
❿ 신라는 백제를 배신하고 ○○ 상류와 하류를 모두 차지했어.

세로 열쇠

❷ 신라에 불교를 퍼뜨리기 위해 자신의 목숨을 바친 신하야.
❸ 신라는 ○○○이 다스릴 때 불교를 나라의 종교로 인정했어.
❺ 화랑이 지켜야 할 다섯 가지 계율을 알려 준 스님이야.
❻ 신라의 법흥왕은 '이 종교'를 받아들이며 백성들이 하나의 뜻으로 뭉쳐야 한다고 생각했어.
❽ 이사부 장군과 법흥왕, 진흥왕 모두 '이 나라'를 위해 애쓴 사람이지.

본문 116쪽

역사 놀이터 — 키워드 찾기 대작전!

▶ 정답 18쪽

각각의 빈칸에 들어갈 키워드를 아래 글자판에서 찾아 동그랗게 묶고, 해당 번호를 써 보세요.

① 신라의 ○○ ○○은 황룡사 9층 목탑을 세웠어.
② 선덕 여왕 때에 별들의 움직임을 관찰하기 위해 ○○○를 만들었어.
③ 고구려의 을지문덕은 ○○에서 수나라군을 크게 물리쳤어.
→ 평안북도 서남부를 흐르는 청천강의 옛 이름.
④ 고구려는 ○○○의 침입을 안시성에서 막아 내었어.
→ 수나라의 뒤를 이어 중국을 통일한 나라.
⑤ 김유신의 동생 ○○는 김춘추와 결혼했어.
⑥ 김유신은 김춘추와 힘을 합쳐 ○○의 삼국 통일을 위해 힘썼어.
⑦ 선덕 여왕이 나라를 다스릴 때에 상대등 ○○은 반란을 일으켰어.
⑧ 선덕 여왕은 신라의 가장 높은 신분인 ○○ 출신이야.

본문 138쪽

역사 놀이터 — 키워드로 비밀 숫자 찾기!

▶ 정답 18쪽

각각의 빈칸에 들어갈 키워드를 아래 글자판에서 찾아 색칠하고, 숨겨진 비밀 숫자를 알아내 보세요.

① 김춘추의 활약으로 신라와 당나라가 맺은 동맹을 ○○ 동맹이라고 해.
② 진덕 여왕의 뒤를 이어 신라의 왕이 된 김춘추를 태종 ○○왕이라고 해.
③ 황산벌에서 신라군과 맞서 싸우기 위해 5천 명의 결사대를 이끌고 떠난 백제의 장군이야.
④ 나라를 다스리는 데에 소홀했던 백제의 마지막 왕이야.
⑤ 남생, 남건, 남산의 아버지이야. 고구려 최고의 권력자 연○○○이지.
⑥ 당나라는 고구려 내부가 ○○된 기회를 놓치지 않고 고구려를 공격해 멸망시켰어.
→ 하나가 여럿으로 갈라져 나뉨.
⑦ 신라는 당나라를 몰아내고 삼국을 ○○ 했어.

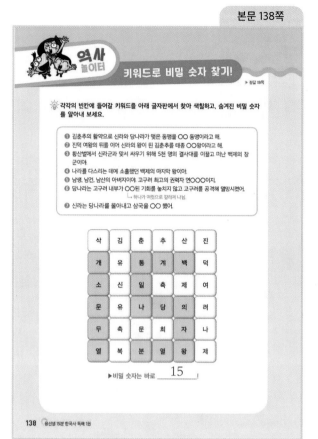

▶ 비밀 숫자는 바로 ___15___!

MEMO

MEMO

지금껏 여태 없었던 과학책이 왔다!

용선생의 시끌벅적 과학교실

화학 반응

글 김영은 | 구성 사회평론 과학교육연구소 | 그림 김현하·용선생 윤효식 | 감수 노석구 | 캐릭터 이우일

고흐가 사랑한
노란 물감의 정체는?

전 40권

용선생 역사 시리즈의 명성 그대로!

용선생이 새롭게 과학수업을 시작합니다!

글 사회평론 과학교육연구소 | 캐릭터 이우일 | 권당 13,800원

용선생의 시끌벅적 과학교실

★ 재미있게 술술 읽다 보면 어느새 과학 지식이 머리에 쏙!
★ 실생활 속 호기심을 해결하며 과학적 사고력도 쑥쑥!
★ 생생한 사진, 알찬 4컷 만화로 더욱 즐거운 공부!
★ 과학 교육 전문가들이 5년 동안 심혈을 기울여 개발!
★ 최신 과학 교과서 완벽 반영!

사회평론

★★★★★

한국사 학습에 필요한 필수 어휘까지 잡았다!

"용선생 한국사 독해 시리즈만 풀리면 어휘 교재는
따로 안 사도 되겠네요!" 홍*영 _ 초1·초3 학부모

"왕위, 관직, 폐하, 정권, 정변…. 역사책에는
자주 등장하지만 아이에게 바로 설명해주기 어려운
어휘까지 콕 집어 설명해 주네요!" 유*은 _ 초3 학부모

"사회 교과서에 자주 등장하는 역사 용어가 다 있어요. 어떠한
역사책도 거뜬히 읽어 낼 수 있는 어휘력을 기를 수 있습니다!"
강보민 선생님 (해밀독서연구소 소장)

"한국사 인물 이야기를 읽다 보면 한국사의 흐름이 잡힙니다.
초등 5학년 사회 공부가 쉬워지겠어요!"
변규리 선생님 (라벌에듀)

"교재를 시작하더니 한국사가 정말 재밌대요!
하루에 여러 챕터 푼다고 하는 거 겨우 말렸어요." 조*선 _ 초3 학부모

"이제 한국사 공부는 아이가 스스로 알아서 합니다.
하루 중 가장 먼저 집어 드는 교재예요." 윤*영 _ 초4 학부모

	초등학교	학년	반
이름